nur mal angenommen

RR

Bernd Nagel

nur mal angenommen

Sechzehn Miniaturen

Mit sechzehn Zeichnungen von Zoë
und zwei Gedichten von Anù Schroeder

Roland Reischl Verlag

Bibliografische Information der Deutschen Nationalbibliothek. Die Deutsche Nationalbibliothek verzeichnet diese Publikation in der Deutschen Nationalbibliografie; detaillierte bibliografische Daten sind im Internet über www.dnb.de abrufbar.

Zeichnungen Umschlag und Innenteil: © Zoë Schroeder

Satz, Layout & Umschlaggestaltung: Roland Reischl

Alle Nutzungsrechte dieser Ausgabe:
Roland Reischl Verlag, Herthastr. 56, 50969 Köln, www.rr-verlag.de

Herstellung: BoD – Books on Demand, Norderstedt

ISBN: 978-3-943580-48-8

Vorwort

Nur mal angenommen, ein an eine Mauer gesprühter Namenszug veränderte ein ganzes Leben, die Wände der Wohnung hätten Szenen aus dem Leben früherer Bewohner gespeichert, aus dem Anruf bei der Störungsstelle des Netzbetreibers entstünde eine Liebesgeschichte oder jemand wäre ganz einfach zufrieden mit dem, was er hat ...

Sechzehn Miniaturen erzählen von überraschenden Wendungen, folgenschweren Entscheidungen und rätselhaften Begebenheiten. Die kurzen Geschichten wurden in den Jahren 2021 bis ′23 aufgeschrieben.

In der klassischen Musik werden kurze Stücke für ein oder mehrere Instrumente als *Miniaturen* bezeichnet. Die Kunst kennt den Ausdruck für kleine Malereien, etwa in der Buchmalerei oder zu Dekorationszwecken bei Schmuck oder Geschirr. Entsprechend gelten kleine Geschichten, die Lebensausschnitte erzählen und dabei ohne viel Personal auskommen, als Miniaturen.

In Gesprächen mit der Zeichnerin Zoë Schroeder über die Miniaturen entstand die Idee, Text und Bild zu kombinieren. So nahm ein gemeinsames Projekt Gestalt an. Außerdem hat uns ihre Schwester Anù zwei Gedichte geschenkt – vielen Dank dafür! Zu danken ist auch Jutta Lutzi für ihr Ohr beim Feilen an Texten und ihr Auge beim Lesen des Manuskripts; für kritische Impulse sowieso.

Besonders danken wir Roland Reischl für sein professionelles Lektorat. Sein Sinn und Geschick für die Gestaltung von Büchern machen seine Impulse unverzichtbar und die Zusammenarbeit immer wieder zu einem bereichernden Vergnügen.

Bernd Nagel
Frankfurt, im April 2023

Inhalt

Mein Baum 9

Before you accuse me 10

Tote beschwören 19

Großvater 26

Am Lago 33

Nachbarn 40

Komplizierte Rechnungen 47

Heißer Draht 51

Mülltrennung 58

Krankenbesuch 62

Der Einsiedler 68

Die Wohnung 79

Kein zweites Mal 90

Lizzy 97

Fluchtversuche 105

Auftragsarbeit 111

Esau hat genug 119

Die Welle 125

Die kreativen Köpfe hinter diesem Buch 128

Mein Baum

Schön ist er und er ist es
schon immer gewesen, seit er
hier steht, im Hinterhof 5.
Er geht mit der Zeit, steht
da seit Jahren, still und zufrieden.

Er blüht im Frühling,
im Sommer ist er saftig grün,
im Herbst trägt er Früchte
und im Winter lastet Schnee auf ihm.

In bunten Farben leuchtet er,
von Jahr zu Jahr,
immer da.

Und er gibt Hoffnung,
schon all die Jahre, bis zum
heutigen Tage, der Baum
im Hinterhof 5.

Anù Schroeder

Before you accuse me ...

Immer wenn dieses Lied im Radio gespielt wurde, musste ich an Michael denken. *Before you accuse me, take a look at yourself*, tönt es aus Claptons Kehle. „Bevor du mir Vorwürfe machst und mich anklagst, schau erst mal nach dir selbst", hatte Michael zu mir gesagt, als wir uns das letzte Mal gesehen haben. *Before you accuse me*, das war auch das erste Lied, das wir miteinander einüben wollten, aber dazu war es ja gar nicht gekommen. Ich hatte Michael nie Gitarre spielen sehen. Konnte Michael überhaupt Gitarre spielen?

Ich sah ihn zum ersten Mal, als er an dem Kaffeetisch allein vor einem Schachbrett saß. Zu meinem Praktikum als Seelsorger in der Psychiatrie gehörte auch Schichtdienst im Bistro-Café, das von ehemaligen Patientinnen und Patienten betrieben wurde. Ich fragte Gabi: „Sag mal, der Typ an dem Tisch, der allein Schach spielt, kennst du den?" – „Das ist Mike", gab sie mir zur Antwort, „war früher oft auf Droge und deshalb lange Patient in der Klinik. Seit einiger Zeit nimmt er angeblich nichts mehr, kommt aber mehrmals die Woche hierher, trinkt zwei, drei Kaffee, spielt Schach, meistens mit dem Herbert, und – wenn der Herbert nicht da ist – allein. Und wenn ihm jemand zuhört, dann hält er lange Vorträge."

Mike also, dachte ich mir. Mike, der gerne Kaffee trinkt, Schach spielt und redet. Reden ist gut; mit einem Seelsorger reden umso besser. Und außerdem braucht der Seelsorger im Praktikum ja auch Gesprächspartner.

„Hallo, ist der Platz hier noch frei? Ist es okay, wenn ich mich einen Augenblick zu Ihnen setze?"

„Siehst du jemanden auf dem Stuhl? Ich sehe niemanden. Natürlich ist da frei. Du hast was mit den Augen, stimmt's? Das hier ist aber nicht das Bistro von der Augenklinik. Hier sitzen die Verrückten, die Schizos, die Junkies."

Ich schaute Hilfe suchend zu Gabi – und Gabi schaute zu mir und zuckte mit den Schultern.

„Weißt du, Kumpel, hier ist die Versammlung der Irren. Die sind alle nicht mehr ganz knusper. Manische und Depressive und Manisch-Depressive. Da hinten in der Ecke, das ist Kathrin. Da ist auch ein Stuhl frei. Da brauchst du aber nicht hinzugehen. Ich sag's nur schon mal. Die merkt nämlich gar nicht, wenn sich jemand zu ihr setzt. Die weiß vor lauter Medikamenten nicht mehr, was um sie herum abgeht. Die würde auch ihr Zimmer nicht mehr finden, wenn nicht um fünf der Pfleger käme und sie wieder zurückbringen würde. Und die hier zwischen den Tischen hin- und herläuft, das ist Margot. Die kann nicht einen Augenblick still sitzen, die muss dauernd in Bewegung sein. Wahrscheinlich läuft sie vor irgendwas weg. Mein Gott, wo bleibt heute der Herbert! Wenn der kommt, kannst du übrigens gleich wieder aufstehen. Das ist der Stuhl vom Herbert – und wenn der kommt, müssen wir die Partie von gestern zu Ende spielen."

„Es ist jetzt halb vier, Mike", hörte ich Gabis Stimme, „und wenn der Herbert bis drei nicht hier ist, kommt er auch nicht mehr." Und gleichzeitig wunderte ich mich über Mikes Auskunft, es müsse eine Partie zu Ende gespielt werden, standen doch die Figuren in jeweils zwei Reihen auf den Grundlinien.

„Wenn Herbert nicht kommt, könnten wir eine Partie spielen, wenn Sie Lust haben."

„Was bist du denn für ein Vogel! Herbert kann durchaus noch kommen. Und außerdem spielt Mike nicht mit jedem."

Gabi hatte mir zwar einiges über Mike verraten, aber dass er ein ziemlich kauziger Typ war, hatte sie für sich behalten.

„Wie kommst du eigentlich hierher, du sehbehindertes Opfer?", hörte ich jetzt wieder Mike.

„Ich habe nichts an den Augen; im Gegenteil, ich sehe eigentlich sehr gut. Ich bin Seelsorger und mache hier für einige Wochen ein Praktikum. Ich heiße übrigens Benjamin Voss."

„Ein Benjamin also, ein Glückskind." Mike kannte sich also mit Namensbedeutungen aus. „Stirbt nicht die arme Rahel bei seiner Geburt?" Und bewandert in biblischer Geschichte war er auch.

„Sie kennen sich gut aus in der Bibel."

„Wie auch nicht, du Vogel! War schließlich in einer Klosterschule unter lauter frommen Nonnen. Und hör auf mit diesem ‚Sie'! Ich heiße Mike." Sein spöttischer Gesichtsausdruck, als er von den frommen Nonnen sprach, war mir nicht entgangen.

„Seelsorger, was? Meine Seele ist schwarz wie dein Jackett. Da kannst du drauf wetten. Da hilft auch kein Seelsorger mehr! Und wenn du hier am Tisch sitzen willst, dann sei lieber still von Kirche und Bibel und Gebet und diesem ganzen Blödsinn. Damit bin ich durch, hab' ich nichts mehr mit am Hut."

„Das ist 'ne klare Position", sagte ich und versuchte, einen wertschätzenden Ton anzuschlagen. „Wenn man damit durch ist, hat man vermutlich seine Gründe. Vielleicht willst du darüber was erzählen. Würde mich interessieren."

„Das würde den Seelsorger interessieren. Glaub' ich gern. Die Frage ist nur, ob der Seelsorger das auch aushält, was er dann zu hören kriegt. Das ist nämlich 'ne ziemlich harte Geschichte, du Vogel."

„Ich hör' dir zu."

„Du hörst mir zu. Okay. Ich habe dich gewarnt. Du hörst also zu?"

„Ich höre zu."

„Weißt du, bevor ich in diese Klosterschule kam, hab' ich in einer total gestörten Familie gelebt. Wir waren fünf Kinder. Ich war der vierte. Mein Alter war immer nur besoffen, hat die meiste Zeit am Kiosk gestanden, und wenn er am Nachmittag nach Hause kam, hat er einen verdroschen, egal, wen er halt grad in die Finger gekriegt hat. Mal war es Rudi, mein älterer Bruder, mal war es meine Mutter. Grund gab's immer. Rudi stand im Weg oder brachte nicht schnell genug ein Bier herbei. Die Mutter hat ein falsches Wort gesagt oder zu viel Geld im *Konsum* ausgegeben. Dabei war sie es, die überhaupt ein bisschen Geld verdient hat. Ist morgens ganz früh mit den Zeitungen losgezogen und hat dann noch zu Hause Näharbeiten für eine Schneiderin im Ort gemacht. Meine Schwester ist anschaffen gegangen. Kein Wunder; die kannte ja nix anderes; die hat der Alte ja schon als Kind missbraucht. Besonders brutal war er, wenn er mich zu fassen gekriegt hat. Mich hätte man sowieso ‚wegmachen' sollen, hat er gesagt – und ‚Missgeburt', die unmöglich von ihm sein kann, wahrscheinlich von irgendeinem von diesen ‚asozialen Nachbarn', für den meine Mutter, ‚diese Hure, die Beine breitgemacht hat'. So hat er rumgeschrien und dann draufgeschlagen. Irgendwann stand das Jugendamt vor der Tür. Ich glaube, die Klassenlehrerin hat eine Anzeige gemacht. In der Schule bin ich natürlich aufgefallen, weil ich nie Hausaufgaben hatte, mit dreckigen Klamotten rumgelaufen bin, im Unterricht gestört hab' und in der Pause dauernd in Prügeleien verwickelt war. Ich kann mich erinnern, dass das Fräulein Martin auch mal bei uns zu Hause war, aber mein Vater sie gleich hochkant rausgeschmissen hat. Und dann kam das Jugendamt und kurze Zeit später saß ich in diesem Kloster. Du Vogel musst aber jetzt nicht denken, dass ich es da besser gehabt hätte. So was Brutales wie diese Nonnen; das stellst du dir nicht vor. Wenn man da nicht gespurt hat, da haben die genauso draufgehauen wie mein Vater. Die haben von Nächstenliebe geredet und im selben Atemzug den Stock geschwungen. ‚Wen der Herr liebt, den züchtigt er', ich kann dir sagen. Und es war ja nur zu unserem Besten; damit was Ordentliches aus uns wird. Und von wegen ‚Nächstenliebe'. Damit hatten die Nonnen es auch gern. Da wurden einige Lieblinge ausgewählt. Und der kleine Michael musste dann immer mit der Schwester Michaela –wie passend – auf den Speicher gehen. Da war es dunkel und kalt und ich musste mich auf einen stinkenden Teppich auf den Boden legen. Und die Schwester Michaela hat dann ihre Kutte hochgehoben und ihre Unterhose ausgezogen. Und dann hat sie sich auf mich gesetzt und ich musste ihre Fotze lecken. Ich hab' dich gewarnt, aber du wolltest es ja unbedingt wissen, warum ich durch bin mit Kirche und Bibel und Beten. Danach mussten wir nämlich beten und unsere Sünde bekennen, weil wir so schmutzig waren und die Schwestern gereizt haben. Und wehe, so haben sie gedroht, wir würden jemandem etwas erzählen. Dann würde das Feuer der Hölle auf uns warten. Ich muss da so acht oder neun gewesen sein."

Die Geschichte war schockierend und gleichzeitig klang sie auch so, als hätte Mike sie schon oft erzählt. Hatte er wahrscheinlich auch. Und während mir die Worte im Hals stecken blieben, erzählte er ungebremst weiter.

„Als ich es nicht mehr ausgehalten habe, bin ich einfach abgehauen. Hab' dann eine ganze Zeit auf der Straße rumgehangen, hab' hier und da geklaut und natürlich auch mit Drogen rumgemacht.

War aber eigentlich gar nicht so schlecht. Irgendwann hab' ich den Eddy kennengelernt und der hat mir Schach beigebracht und vor allem Gitarre spielen. Ich hab' dann fast nur noch mit so 'ner alten Klampfe irgendwo rumgesessen und wie ein Irrer geübt. Bald hab' ich mich in Köln und Hamburg und Berlin in die Fußgängerzone gestellt und Geld in einen Hut gespielt. Na ja, die Scheiß-Drogen haben mir dann alles versaut und ich bin dann wieder hier nach Frankfurt gekommen und direkt in die Klapse. So mit 'ner Bluesband rumzuziehen; das wäre mein Traum gewesen."

Das lange Zuhören hatte mich angestrengt. Und außerdem hatte ich ein schlechtes Gewissen, weil Gabi den Thekendienst die ganze Zeit alleine gemacht hatte, während ich am Schachtisch neugierig gespannt der Lebensgeschichte von Mike lauschte. Faszinierend, dass da noch so was wie ein Traum funkelte. Das motivierte mich, mit Mike ein wenig weiter an seinem Traum zu „arbeiten".

„Und wenn es nicht nur ein Traum wäre, das mit der Gitarre und mit der Band?", versuchte ich einen kleinen Vorstoß.

„Was meinst du? Ich habe überhaupt keine Gitarre mehr. Keine Kohle, mir eine zu kaufen."

„Na ja, wir könnten zusammen mal was spielen, wenn du Lust hast. Blues zum Beispiel. *Before you accuse me* von Clapton. Kennst du vielleicht."

„Klar kenn' ich das, du Vogel. Aber wo krieg' ich die Klampfe her?"

„Ich hab' da eine Idee ..." Tatsächlich hatte ich eine Idee. An eine Gitarre ranzukommen, dürfte nicht allzu schwer sein.

Am folgenden Wochenende erzählte ich am Ende des Gottesdienstes der Gemeinde von meinem Praktikum in der Psychiatrie und bat um Unterstützung bei einem Musikprojekt, das eine therapeutische Unterstützung zur Genesung der Patientinnen und Patienten sein könnte. Es vergingen kaum ein paar Tage, da hatten mir verschiedene Gemeindeglieder einige Gitarren gebracht, für die sie keine Verwendung mehr hatten. Zwei waren gut erhalten, eine dritte bedurfte der Überholung und zwei weitere waren nicht mehr zu gebrauchen. Ein guter Schnitt nach nur einem Aufruf, dachte ich; auf die Gemeinde war Verlass.

Stolz war ich in der nächsten Woche zum Bistro-Café gekommen, drei intakte Instrumente im Gepäck und einen staunenden Mike mir gegenüber am Tisch. Nachdem er ein wenig an den Saiten herumgezupft hatte, machten wir einen Plan und überlegten, wer von den Patienten noch ansprechbar wäre für die kleine Band. Schließlich schlug Mike vor, er könne die Gitarren erst einmal an sich nehmen und sie am Abend einer näheren Begutachtung unterziehen, bevor wir uns am nächsten Tag weiteren Gedanken und einer ersten Probe unterzögen. „Du weißt schon", meinte er, bevor er das Bistro verließ: „*Before you accuse me* ... – Clapton und so ..." Und dann sagte er noch: „Denk an meine Geschichte, du Vogel. Und dann schau dich hier um und frag dich, wo die wirklich Verrückten rumlaufen; hier drin oder da draußen."

Voller Erwartung kam ich am Tag darauf ins Bistro-Café, aber von Mike keine Spur. Er kam auch nicht mehr an diesem Tag. Auch am folgenden Tag blieb der Platz am Schachtisch leer. Auch Herbert wunderte sich: „Komisch, wo der Mike nur bleibt? Er wird doch nicht krank sein? Eigentlich kommt er doch jeden Tag hierher." Ich machte mit Herbert ein paar Züge, aber ohne Mike war es für ihn nicht das Richtige.

Die Woche verging, ohne dass Mike noch einmal aufgetaucht wäre. Als ich mich am Freitagmittag ins Wochenende verabschiedete, sprach ich Gabi an: „Sag mal, war der Mike eigentlich diese Woche mal hier? Vielleicht als ich morgens auf Station war?"

„Nein, ich hab' ihn nicht gesehen. Aber was war das eigentlich mit euren Gitarren? Was hattet ihr denn damit vor?"

Ich erzählte ihr von dem Plan, eine Band hier im Bistro-Café zu gründen. Blues und so. „Wusste gar nicht, dass der Mike was mit Musik draufhat. Der hat zwar manchmal mit zwei Kaffeelöffeln auf dem Tisch getrommelt, aber Gitarre ... Ne, mit 'ner Gitarre hab' ich den nie gesehen."

„Und warum sollte er mir was von einer Gitarrengruppe erzählen?"

„Vielleicht hat er instinktiv gespürt, dass du darauf anspringst und dich ganz sicher dafür einsetzt, ihm ein paar Instrumente zu besorgen. Hat ja auch geklappt."

„Du meinst, er wollte gar keine Gruppe zum Musikmachen. Er hat mir gesagt, er hätte den Traum gehabt, Musik zu machen mit einer Band."

„Ja, das hat er bestimmt gesagt und geträumt. Vielleicht ist er ja auch wirklich richtig musikalisch."

„Und was sollte er jetzt mit drei Gitarren?"

„Das weiß ich auch nicht, Ben. Aber ich könnte mir auch vorstellen, dass er die Dinger schon jetzt, wo wir darüber reden, gar nicht mehr hat."

Ich war alarmiert. „Wie? Nicht mehr hat? Das waren Spenden aus meiner Gemeinde. Was sollte Mike damit gemacht haben?"

„Verkauft. Schon mal daran gedacht? Du, ich muss jetzt los. Am besten fragst du ihn selbst, wenn er mal wieder reinkommt. Schönes Wochenende und bis Montag."

Mike kam in den nächsten Wochen nicht mehr rein und inzwischen war ich sicher, dass er die Gitarren zu Geld gemacht hatte. In der letzten Woche des Praktikums sah ich Mike auf einer Bank in der Grünanlage der Klinik. Er bemerkte mich etwas zu spät, stand aber gleich auf, als er mich erkannte und tat eilig. „Hi, du Vogel, auch mal wieder hier. Sorry, aber ich muss los. Hab' noch ´ne Verabredung."

„Entschuldige mal. ‚Auch mal wieder hier', könnte ich auch zu dir sagen. Wo warst du denn die letzten Wochen? Ging's dir nicht gut oder was war los?"

„Muss ich mich jetzt dafür entschuldigen, wenn ich mal nicht ins Bistro komme? Eh, was geht'n hier ab! Ich bin doch nicht in der Klosterschule."

Ich musste erst mal durchatmen. Er hatte ja recht. „Natürlich bist du mir keine Rechenschaft schuldig", sagte ich zerknirscht. „Aber wir hatten eine Verabredung."

„Na und. Ich hatte eben was anderes zu erledigen."

„Okay. Ist ja in Ordnung. Aber vielleicht hättest du Bescheid geben können. Immerhin hast du die drei Gitarren mitgenommen und wolltest sie testen. Wie sieht's eigentlich jetzt aus mit der Band? Mein Praktikum ist übermorgen vorbei. Willst du alleine weitermachen oder sollen wir was ausmachen, dass ich ab und zu mal vorbeikomme?"

„Ach, mit der Band. Da hab' ich eigentlich grad keine Lust drauf."

Hatte ich richtig gehört? Der Traum hatte Spuren von Lustlosigkeit angesetzt. Ich hatte mit der Vorstellung eines Projekts ein paar Gemeindegliedern die Gitarren abgeluchst und nun würde nichts aus der Sache. Was würde ich sagen, wenn sie mich irgendwann nach dem Musikprojekt in der Klinik mit ihren Gitarren fragen.

„Wenn du keine Lust mehr hast, kannst du mir die Gitarren morgen wieder zurückbringen, Mike."

„Geht nicht. Ich hab' die Dinger nicht mehr."

So fühlt es sich also an, wenn man aus allen Wolken fällt.

„Jetzt schau nicht so vorwurfsvoll", unterbrach er meine innere Empörung. „Du hast mir die Gitarren gegeben und ich hab' sie verkauft. Ich hab' das Geld gebraucht. Außerdem haben wir jetzt beide was davon gehabt."

„Wie? Beide was davon gehabt?", stotterte ich konsterniert.

„Na ja, ich hab' die Kohle und du wolltest dich doch toll fühlen, dass du was für einen Ex-Junkie tust; einfach mal so drei Gitarren besorgen, die irgendwo in der Ecke rumgelegen haben, und damit dem Outlaw einen Traum erfüllen und ein bisschen Perspektive geben oder wie ihr das nennt. Das kannst du dir jetzt in den Praktikumsbericht schreiben und brauchst den moralischen Zeigefinger nicht gegen mich heben."

Im Gehen hat er noch gesagt: „Und denk dran: *Before you accuse me, take a look at yourself*, du Vogel."

Tote beschwören

André besuchte am liebsten die Dauerausstellung im großen Museum der Stadt. Wenn Katja meinte, das seien doch immer dieselben Bilder, die einem irgendwann langweilig werden müssten, widersprach er ihr entschieden: Es sei spannend, weil man immer wieder etwas Neues in den Bildern entdecke. Es sei sogar interessant, weil der eigene Blick mal mehr bei diesem, mal mehr bei jenem Gemälde hängen bleibe. Es müsse etwas mit der jeweiligen Stimmung zu tun haben, mit der man durch die Ausstellungsräume gehe. Inzwischen bemerkte André sofort, wenn ein Bild für eine andere Ausstellung weggegeben wurde. Dann war er enttäuscht und wartete gespannt auf die Rückkehr. Ein inneres Fest, wenn die Leihgabe dann endlich wieder heimkehrte an ihren Platz.

Katja ging auch gerne ins Museum, aber das tat sie lieber ohne André. Zu unterschiedlich empfand sie die Art und Weise, wie sie beide ihren Aufenthalt im Museum gestalteten. Es konnte passieren, dass André eine halbe Stunde vor einem Bild stand und sich darin verlor, während sie den Gang durch die Ausstellung schon fast beendet hatte. Und wenn sie ihn drängte, dann erklärte er ihr, man könne ein Bild nicht vollständig verstehen, wenn man es nur betrachte. Man müsse sich vielmehr selbst von dem Bild betrachten lassen. Überhaupt erklärte André gerne, was Katja etwas störte. Wenn sie am Eingang gefragt wurde, ob sie einen Kopfhörer mit Erläuterungen zu den Werken haben möchte, antwortete sie manchmal: „Nein danke, ich habe ja meinen Mann dabei; die kunstgeschichtliche Moderation ist seine Leidenschaft, müssen Sie wissen."

Und nun saß André also vor diesem Bild, dem er bei seinen bisherigen Besuchen nie auch nur die geringste Aufmerksamkeit geschenkt hatte. Merkwürdig. Ein Werk des Augsburger Malers und Kupferstechers Gabriel Ehinger. In der Gemäldebeschriftung war zu lesen, dass der Lehrer Ehingers, Johann Heinrich Schönfeld, so um 1670 die Szene auf den Probedruck eines Kupferstichs seines Schülers gezeichnet hatte, 42 Zentimeter hoch, 31 Zentimeter in der Breite. Eine massive, aus Steinquadern gefertigte Mauer, vor der eine ausgezehrte Gestalt mit knöchernem Schädel und heraustretenden Rippen, die nur durch die schlauchförmig herabhängenden Brüste als Frau zu erkennen ist, verschwörerisch mit einem Zweig auf den Boden zeigt, wo sich im magisch flackernden Licht eine Platte öffnet und eine mönchartig verhüllte Person aus einer Gruft nach oben steigt und die mitternächtliche Bühne betritt, auf der sich von Schlange und Eule bis zu Spukgestalten und Himmelswesen viel Symbolik findet. Im Hintergrund zwei skeptisch dreinblickende Leibwächter, die wohl zu der im Vordergrund niederknienden Figur gehören.

André vertiefte sich in die Darstellung und las den Titel: *Saul spricht mit Samuels Geist bei der Hexe von Endor*. Dunkel wie das Bild erinnerte er sich an den ersten König Israels, der eine sich abzeichnende Niederlage im Krieg gegen die Philister befürchtete, weshalb er sich nächtens zu dieser Totenbeschwörerin schlich, die den verstorbenen Richter und Ratgeber Samuel herbeirufen sollte, damit dieser einen möglichen Weg zum Sieg über die Feinde aufzeigen könnte. So weit die Erinnerung, aber André wollte es genauer wissen und rief im Smart-phone die biblische Geschichte aus dem 1. Buch Samuel auf. Er erfuhr von der bedrückenden Übermacht der Philister und war beindruckt zu lesen, dass Gott sich gegenüber Saul in Schweigen hüllte. Der König war in Ungnade gefallen, weil er sich gegenüber Gott schuldig gemacht hatte. Auch der weise Samuel kann nicht wie zu früherer Zeit Rat geben, denn der ist bereits gestorben. Deshalb der Besuch bei dieser Frau, die die Verstorbenen aus der Totenwelt hervorholen kann. Man sagte von den Toten, sie könnten die Zukunft vorhersagen, was mit Blick auf eine verfahrene Kriegslage nicht unpraktisch ist. Der König muss im Schutz der Dunkelheit kommen – Totenbeschwörung und Wahrsagerei sind nach Gottes Willen verboten. Das weiß Saul und hat es ja dem Volk bei Androhung von Strafe auferlegt, auf solche Methoden zu verzichten. Nun glaubt er selbst, davon Gebrauch machen zu müssen. Nach Zögern der Totenbeschwörerin, die wegen des Verbots um ihr Leben fürchtet, und der Zusicherung des Königs, es handele sich in diesem Fall um eine straffreie Ausnahme, ruft sie den toten Samuel herbei.

André musste lächeln, als er die ersten Worte Samuels las, der den König angiftet, weil er seine Ruhe gestört habe.

Der König bleibt aber beharrlich und ignoriert, das Samuel ihm zu Lebzeiten durchaus zu raten wusste, er selbst aber zunehmend seinen eigenen Kopf durchsetzen wollte, sodass das ehemals gute Verhältnis zu Samuel verloren gegangen war. So konfrontiert der Totengeist den König und wiederholt das fatale Urteil über Saul, der isoliert bleibt, sein Königtum verlieren und in der Schlacht zu Tode kommen wird. „Morgen wirst du mit deinen Söhnen bei mir sein“, sagt Samuel voraus und zieht sich wieder zurück.

André betrachtete das Bild und ließ sich von dem Bild betrachten. Sein Blick blieb am verzweifelt knienden König hängen und er fragte sich, wie sein eigener Kampf gerade aussah. Gab es in diesen Tagen, da er Ausgleich und Inspiration im Museum suchte, einen Kampf? Sofort fiel ihm der erbitterte Streit mit seinem Kollegen um die Nachfolge in der Abteilungsleitung der Kanzlei ein, was seine Stimmung trübte. Seit Wochen schon verfolgte ihn der Konkurrenzkampf bis in den Schlaf. Dieser Brenderlin war wirklich eine miese Ratte, die mit harten Bandagen zu Werke ging und sich aufspielte wie ein „Alter Herr" in der Studentenverbindung, der André früher mal angehört hatte. Nannte man die „Alten Herren" in der Verbindung nicht auch „Philister"?, erinnerte sich André überrascht. Er geriet prompt in Rage, als er an Brenderlin und seine hinterhältige Art dachte, mit der er sich die Abteilungsleitung krallen wollte inklusive Gehaltserhöhung und Prestigezuwachs. Eigentlich war André an der Reihe. War viel länger in der Kanzlei und bewährte sich immer wieder in schwierigen Fällen. Aber Brenderlin ging mit dem Sozius zum Squash. Und jetzt war ihm, André, kürzlich in der Beratung eines hochrangigen Mandanten einer Fluggesellschaft ein Fehler unterlaufen, was Brenderlin scham- und schonungslos aufdeckte und sich damit einen erheblichen Vorteil im Krieg der Kanzlei-Alphatiere verschaffte.

André musste daran denken, dass sein Coach bei dem Namen seines Gegners lachen musste. „Klingt ja wie *Bren Derlin*" hatte er belustigt ausgerufen. Und als André ahnungslos dreinschaute, gab ihm der Coach eine kleine Einführung in Star Wars, wo auf einem Mond namens Endor ein galaktischer Krieg stattfindet, bei dem auf einem Stützpunkt einer Rebellenallianz der Sicherheitsoffizier Bren Derlin agiert. Dieser Offizier befiehlt in einer bestimmten Situation die Schließung der Tore zur Basis, was den verspäteten Helden Luke Skywalker am Eintritt hindert und dessen Tod bedeuten könnte. „Eigentlich rackern sie ja im selben Team, der Derlin und der Skywalker", hatte der Coach bemerkt.

Kein Wunder, dass ich hier so lange vor diesem Bild stehe, kam es André in den Sinn. Sein Blick ruhte nun bei Samuel, von dem man nicht recht wissen konnte, ob er tatsächlich, wie André zunächst dachte, die nächtliche Szene betrat, oder nicht vielmehr längst wieder im Abstieg begriffen war. Schließlich war der König ja schon zu Boden gegangen und in Furcht geraten über Samuels Worte, wie es der biblische Bericht festhielt.

Wessen Geist würde ich in meinem Kampf mit Brenderlin durch die Totenbeschwörerin aufsteigen lassen?, fragte sich André vor dem Gemälde. Er ließ sich auf einer Bank, die in der Mitte des Ausstellungsraumes aufgestellt war, nieder. Wer bleibt denn noch übrig, den er um Rat fragen könnte in diesem Konflikt, wenn selbst dem Coach als Antwort nur Science Fiction einfällt.

Er musste an die Vermieterin der ersten Wohnung, die er mit Katja bezogen hatte, denken. Da haben sie beide noch studiert. Annegret kam so schlicht daher, dass man sie leicht für naiv, fast einfältig halten konnte. Wenn man sie aber näher kannte, erfuhr man bald, dass es Gelassenheit war, was manche für Einfalt hielten. Sie störte sich nicht am Gerede über sich selbst und beteiligte sich nicht am Gerede über andere. Zufriedenheit strahlte sie aus und Ehrlichkeit und Geduld.

Wahrscheinlich würde sie ihn fragen, was das größere Problem ist: dass Brenderlin die Leitung der Abteilung bekommt oder dass er den Posten nicht kriegt. Und auf seiner Bank mitten im Ausstellungsraum hörte er sie sagen: „Es ist enttäuschend, wenn man übergangen wird, und macht wütend, wenn man ungerecht behandelt wird. Aber wenn es wirklich so kommen sollte, wer weiß, was einem erspart bleibt. So eine Leitung ist sicher auch kein Zuckerschlecken ... viele Überstunden, nervige Konferenzen, Entscheidungsdruck und oft Ärger mit Kollegen ...“

Sein Onkel Günter fiel ihm ein. Mein Gott, wie lange hatte er nicht mehr an Günter gedacht. Er war der ruhende Pol in einer grundsätzlich zur Aufregung neigenden Familie, so etwas wie der Fels in der Brandung. André erinnerte sich, wie der Onkel in aller Ruhe seine Pfeife stopfte und in den Garten ging, wenn sich beim Familienfest Schwager und Schwiegervater wie auf Kommando in die Haare kriegten. Und wenn er wieder in die Wohnstube zurückkam, erzählte er mitten in den ritualisierten Streit hinein, wie sich gerade auf dem Hof des Nachbarn die zwei eitlen Gockel um eine Henne gestritten haben, dass die Federn flogen. Und dabei lachte er vergnügt und klopfte die Pfeife im Aschenbecher aus. Es war ein tiefer Einschnitt, als Günter krank wurde und ein paar Monate später sein Platz in der Wohnstube leer blieb. Er würde André auffordern, die Ruhe zu bewahren. „Wer ist schon Brenderlin?", würde er fragen. „Wenn er den Job wirklich kriegt, kannst du erst mal sehen, wie es dann in der Abteilung aussieht, und immer noch überlegen, ob du bleibst oder gehst."

Schließlich dachte er an den Inhaber des Second-Hand-Ladens in der Schönfeldstraße, auf dessen Beerdigung Katja und er vor ein paar Wochen waren und der immer mal einen Satz aus dem Talmud im Gespräch fallen ließ. André hatte öfter eine Jacke oder einen ganzen Anzug, der zu eng geworden war, in den Laden gebracht. Dann hat Samy Adler ihm einen Tee angeboten, und sie hatten immer ein Gespräch – mal nur ein paar ausgetauschte Worte, mal eine ganze Stunde lang.

Würde er ihn fragen, was er gegen die Intrigen seines Kollegen tun sollte und ob es klug wäre, mit den gleichen Waffen zurückzuschlagen, dann würde er mit Sicherheit antworten: „Tu, was man hinter deiner Bahre erzählen kann." Das hat er oft gesagt.

André blickte wieder auf die Zeichnung. „Eigentlich weiß ich, was die Toten sagen würden, wenn ihr Erscheinen beim nächtlichen Gläserrücken beschworen werden würde", dachte er. „Es ist gar nicht nötig, dass ich ihre Ruhe störe. Ich muss mich ihrer nur erinnern." Noch einmal hörte er die Sätze von Annegret, Günter und Samy Adler. Hatte Annegret ihn nicht mit dem Hinweis auf die eigene Kränkung im Fall der „Niederlage" ermutigt, noch mal hinzusehen, was sein eigentliches Problem ist und ob der Kampf wirklich lohnt, wenn man bedenkt, worum es letztlich geht. „Bevor ich mich dauernd mit dem Kollegen auseinandersetze, könnte ich auch überlegen, welchen Stellenwert Ansehen, Besitz und Macht in meinem Leben haben", sinnierte André.

Günter riet zur Gelassenheit: „Aufregung und Hektik verleiten oft genug zu Fehlern." Und André hatte es ja selbst erlebt – im Fall der Fluggesellschaft –, wie angreifbar er plötzlich war.

„Wenn du überlegst, was du tun sollst, dann bedenke, ob du mit der getroffenen Entscheidung noch in den Spiegel schauen kannst", hatte Samy Adler ihm geraten. „Auf alle Fälle hast du die Verantwortung für das, was du tust."

Die Zukunft haben alle drei nicht vorausgesagt. Das war André in diesem Moment klar. Alle drei haben ihn aber ermutigt mit dem Hinweis darauf, dass er in der Gegenwart die Möglichkeit hat, ein Stück Zukunft zu gestalten.

Als André an diesem Nachmittag nach Hause kam, saß Katja am Küchentisch. Die Zeitung lag vor ihr. In ihrem Blick konnte er lesen: „Na, welches Gemälde hat dich heute wieder so lange betrachtet, dass du unsere Verabredung zum Kaffee vergessen hast?" Er setzte sich zu ihr an den Tisch und erzählte von seinem Besuch im Museum.

Großvater

Warum eigentlich wurde der Großvater nicht ernst genommen? Warum wurde er immer hingestellt, als hätte er nicht alle Tassen im Schrank? Ein Blöder halt, ein Versager, einer, mit dem man nun wirklich keinen Staat machen kann. Als er gestorben war, fiel die Trauerfeier sehr kurz aus, weil der Pfarrer nicht viel über ihn sagen konnte. Was er von den Angehörigen gehört hatte über den alten Mann, konnte man auf dem Friedhof nun wirklich nicht erzählen. Wirklich nicht? Nein, sagten der Sohn und die Schwiegertochter. Das würde vielleicht noch beim anschließenden Leichenschmaus im Wirtshaus seinen Platz haben können, aber auf keinen Fall am Sarg. Damit war's entschieden und die Trauerfeier kurz.

Was waren das für Geschichten, mit denen Heinrich sich so unmöglich gemacht hatte und so peinlich unnormal?

Heinrich war Jahrgang 1900. „Ich bin ein Nuller", hatte er immer gesagt und wirkte irgendwie stolz dabei. Immerhin der Beginn des 20. Jahrhunderts. Und so wie jedem Anfang angeblich ein Zauber innewohnt, so setzen oft auch Entwicklungen ein, die das Zeug zum Eintrag in die Geschichtsbücher haben. Unter Kaiser Wilhelm II. trat gleich am 1. Januar das Bürgerliche Gesetzbuch in Kraft. Auch machte der Kaiser den Staatssekretär im Auswärtigen Amt, einen gewissen Bernhard von Bülow, dem der Ruf vorauseilte, ein Verfechter der Politik der Stärke zu sein, zum Reichskanzler. Schon kurz danach trieb genannter von Bülow gemeinsam

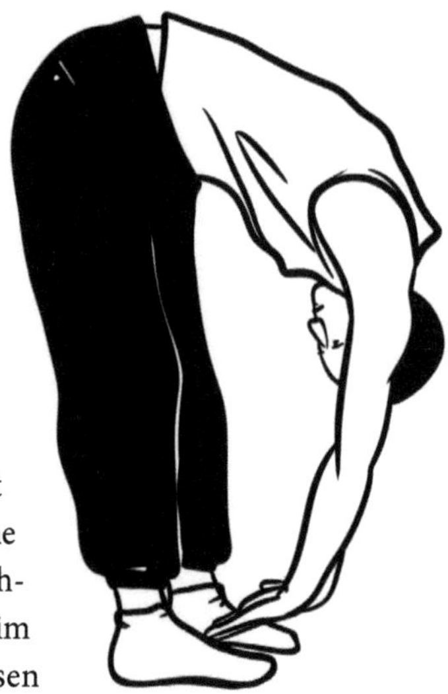

mit Alfred von Tirpitz, dem damaligen Staatssekretär im Reichsmarineamt, eine massive Aufrüstung der deutschen Flotte voran. Schließlich war Deutschland nach der Reichsgründung nicht nur zur Industrienation aufgestiegen, sondern auch in den erlauchten Kreis der Kolonialmächte. Diese rühmten sich im Jahre 1900 der brutalen Niederschlagung von Aufständen im fernen China, während man in der eigenen Hemisphäre technische Errungenschaften wie das erste Überseekabel, den Jungfernflug des Zeppelins und die Inbetriebnahme der Pariser Metro feierte. Wie doch alles zusammenhängt: Ohne die Möglichkeit, Verkehrsmittel durch Dampf und Elektrizität zu bewegen, wären die koloniale Unterdrückung und der Kampf um die globalen Märkte eher bescheiden ausgefallen. Doch die Schattenseiten übertünchte man mit Glanz und Gloria: Paris veranstaltete eine gigantische Weltausstellung, bei der die gut betuchten Besucher aus aller Welt den Fortschritt auf jedem nur denkbaren Gebiet bestaunten. Und nicht zu vergessen: die „Deutschland" errang das begehrte „Blaue Band des Ozeans" für die bis dahin schnellste Überquerung des Atlantiks.

Heinrich machte während seines ganzen Lebens nicht den Eindruck, als hätten ihn solche Dinge sonderlich beschäftigt. Auch die zu seiner Zeit aufbrechende Auseinandersetzung zwischen traditionell humanistischer und modern technischer Bildung sowie die allmähliche Öffnung der Hochschulen für Frauen ist wahrscheinlich an ihm vorbeigegangen. Heinrich konnte mit seinem Namen unterschreiben und ein amtliches Formular mit einiger Anstrengung ausfüllen. Das musste reichen. Es dürfte seine Kindheit kaum geprägt haben, dass bereits Autorennen und Fußball-Länderspiele stattfanden – er selbst hat nie in seinem Leben am Steuer eines Kraftfahrzeugs gesessen. Schon eher könnten ihn die Radrennen interessiert haben, die zu seiner Zeit populär wurden. Schließlich war er mit dem Fahrrad unterwegs – und das sehr viel: von Baustelle zu Baustelle, wo er sich als ungelernter Arbeiter verdingte und in späteren Jahren der Gewerkschaft Bau-Steine-Erden beitrat. Deshalb oft weg von zu Hause; für längere Zeit jedes Mal. Ob seine Frau ihn vermisst hat, taub von Kindesbeinen an und allein mit den beiden Kindern? Haben seine Tochter und sein Sohn ihn vermisst?

Selbst an seinem Geburtstag, dem 4. Oktober, war er meistens unterwegs. Dass an diesem Tag im Jahre 1900, es war ein Donnerstag, der dänische Forscher Georg Karl Amdrup von seiner Ostgrönland-Expedition zurückkam, hat Heinrich wahrscheinlich nie erfahren. Es wird wohl die schlichte Tatsache des Jahrhundertbeginns gewesen sein, die seinen Stolz als „Nuller“ begründete und ihm das Gefühl von Besonderheit vermittelte. Weder seine Lebensumstände oder eine sich abzeichnende Karriere noch besonderes Ansehen können es gewesen sein. All das gab es nicht. Ein „Nuller“ eben. Und dazu einer im Sternzeichen Waage, denen man ja nachsagt, kreativ und kontaktfreudig zu sein und ganz besonders, in allem das Positive zu sehen. Diplomatisches Geschick, das den Waage-Geborenen angeblich eignet, zeigte er dagegen nie.

Man hätte ihn also rückblickend auf sein Leben durchaus als einen interessanten Charakter beschreiben können, bei aller Schlichtheit des Gemüts doch ein kleiner Lebenskünstler. Manche würden geradezu von Ressourcen sprechen, wenn einer sich nicht unterkriegen lässt und das Glas eher halb voll als halb leer betrachtet. Apropos Glas: mit Gläsern kannte er sich ebenso gut aus wie mit Krügen und Flaschen. Im Zusammenleben mit seinem sozialen Umfeld aber gereichten ihm die verheißungsvollen Eigenschaften jedoch eher zum Nachteil, was schließlich zur ausgesprochen kurzen Trauerfeier führte.

Was aber waren das für Geschichten, mit denen Heinrich sich so unmöglich gemacht hatte und so peinlich unnormal?

Manchmal fiel er den Nachbarn auf, weil er so laut sang. Der Enkel saß im Garten auf der Schaukel, und der Großvater gab ihm Schwung, den Zigarrenstumpen im Mund und ein Lied auf den Lippen: „Geh'n wir mal rüber, geh'n wir mal rüber, geh'n wir mal rüber zum Schmied seiner Frau, geh'n wir mal rüber, geh'n wir mal rüber, geh'n wir mal rüber zum Schmied.“ – „Schmidt“, hat der Enkel dann immer gesungen, weil er dachte, bei der Besuchten ginge es um die Frau von Herrn Schmidt. Wer mit „wir“ gemeint war, hat er sich nicht gefragt. Und dass nicht die Frau von Herrn Schmidt besucht werden sollte, ist ihm wahrscheinlich gar nicht aufgefallen beim Weitersingen: „Der Schmied, der hat zwei Töchterlein, die wollen so gerne verheiratet sein. Geh'n wir mal rüber, geh'n wir mal rüber, geh'n wir mal rüber zum Schmied."

Wenn die Schwiegertochter bei offenem Küchenfenster das „Gegröhle", wie sie es nannte, hörte, war es ihr unangenehm vor den Nachbarn. Natürlich würde man sie wieder ansprechen. Und was denn die Frau von dem Alten dazu sagt, aber die Frau von dem Alten hat doch nichts gehört. Gesungen wurde auch, wenn die beiden, Großvater und Enkel, mit Pfeil und Bogen und Holzgewehr hinter Büschen und Mauern im Garten auf der Lauer hockten. Vom Großvater hat der Junge gelernt, wie man mit einer einfachen Holzlatte, einem Gummi von Einmachgläsern, einer Wäscheklammer und ein paar Nägeln einen Bogen baut, mit dem man richtig schießen konnte. Kreativ sind sie, die im Sternzeichen der Waage Geborenen. Wieso „alter Spinner"?

„Der hat sie doch nicht mehr alle", sagten manche. „Ja, der Verrückte, der so laut singt, wo er geht und steht." Gesungen hat der Heinrich wirklich gern, nicht nur beim Schaukeln und beim Bogenschießen. Täglich ging er zum nahe gelegenen Supermarkt. Am Vormittag. Und dort blieb er zwei, drei Stündchen bis zur Mittagszeit, wenn zu Hause das Essen fertig war. Das war ein festes Ritual. Man braucht eben Struktur im Alltag. Das ist ganz normal. Wer keine festen Abläufe kennt, ohne dass es gleich zwanghaft sein müsste, sondern vielmehr Halt gibt, der verfällt ins Chaos oder in die Depression. Vor beidem war Heinrich geschützt. Trotz zweier Weltkriege und einer Kindheit in absoluter Armut hat er sich Lebensfreude bewahrt, die auch im Supermarkt zu hören war: „Wenn das Wasser im Rhein gold'ner Wein wär', ja, dann möcht' ich so gern ein Fischlein sein. Ei, wie könnte ich dann saufen, brauchte keinen Wein zu kaufen, denn das Fass vom Vater Rhein würd' niemals leer." Tatsächlich bewegte sich Heinrich jedoch nicht als Fischlein im sagenumwobenen Fluss, sondern an den Probierständen diverser Anbieter im Markt. Was daran unnormal oder verrückt sein soll, lässt sich schwer erklären.

Wozu sind diese Probierstände sonst da! Man stelle sich vor, die Handelsvertreter würden am Morgen mit viel Fleiß ihre Stände neben den Weinregalen aufbauen und den ganzen Tag käme niemand vorbei, um zu verweilen und aus den kleinen Gläschen zu kosten? Sie könnten ihren guten Tropfen nicht an den Mann bringen und überdies würden sie an Langeweile zugrunde gehen und am Abend übel gelaunt in ihre Familien zurückkehren. Die Verkäufer hatten es gern mit Heinrich zu tun. Dazu war sein Singen keineswegs störend. Im Gegenteil. Sie mussten nicht selbst durch irgendwelche törichten Werbesprüche die Leute anlocken. Das erledigte der Alte und schlürfte dafür das ein oder andere Extragläschen. Eine Win-win-Situation, würde man heute sagen. Völlig normal und keineswegs irre!

Das mit dem Fischlein im Rhein kannte der Enkel auch und sang es zum Leidwesen der Mutter, die immer die Luft anhielt, gern. So betätigte sich der Großvater ganz nebenbei als Lehrer, schulte er doch alltäglich das Gedächtnis des Kindes, was sich später beim Auswendiglernen von Gedichten in der Schule noch als nützlich erweisen sollte. Gut, nicht alle Lieder, die der Junge im Kopf abspeicherte, waren altersgerecht. Regelmäßig erschrak die Mutter und schaute sich beschämt nach den teils belustigten teils kopfschüttelnden Fahrgästen um, wenn der Sprössling im Bus „Lass mich mal an deinem Strumpfband zieh'n" anstimmte.

Dann gab es noch die Geschichte mit dem Getränkehandel, den der Großvater im Haus von Sohn und Schwiegertochter aufziehen wollte. Als man davon erfuhr, waren die Verträge bereits unterschrieben, und der Hauseigentümer, der nun mal leider nicht der Heinrich, sondern der Sohn vom Heinrich war, schaffte es nur mit äußerster Mühe, den Vorgang wieder zu stornieren. Keine Frage – der Großvater hatte seine Kompetenzen überschritten. Jedoch hatte er es nicht einfach nur gut gemeint, wie manche meinten, ihn entschuldigen zu müssen. Aus bestimmter Perspektive betrachtet, machte sein beabsichtigter Deal sogar Sinn. Heinrich hätte eine Beschäftigung gehabt und man hätte ihm nicht mehr vorwerfen können, er lebe dämlich in den Tag hinein und lasse Gott einen guten Mann sein. Darüber hinaus hätte der manchmal etwas einsame Enkel im Kundenkontakt ein paar Menschen kennengelernt, möglicherweise sogar Kinder, die zum Einkauf mitgebracht worden wären. Und schließlich hätte sein Handel mit Getränken zum Familieneinkommen und damit zum Abtrag des Hauskredits beitragen können, wenn es denn funktioniert hätte. Genau das aber wurde bestritten. Vielleicht sogar mit gutem Grund, gab es doch in dem kleinen Ort bereits einen Getränkehandel und dazu noch den bereits erwähnten Supermarkt mit riesiger Getränkeabteilung. Aber man kann ja nie wissen, ob Heinrich nicht am Ende die Leute herbeigesungen hätte. Ein ziemlicher Aufreger war die Aktion allemal, aber ob man deshalb den Großvater für einen Deppen halten musste?

Für einen solchen wurde er auch gehalten und beschimpft, wenn er im Garten an die Bäume pinkelte. „Wer macht denn so etwas!", wurde er angeschrien. Dabei erklärt es sich doch von selbst. An die Bäume pinkelt jemand, der dringend austreten muss und den Weg zur Toilette nicht mehr schafft. Immerhin wohnte der Großvater im Obergeschoss des Hauses. Das wäre ein ziemlicher Weg gewesen: von der Schaukel oder aus dem Gemüsebeet zum Haus, den Schlüssel herauskramen aus dem Hosensack, die Schuhe mit der Gartenerde in den Sohlen ausziehen, die Hausschuhe anziehen, die Jacke ablegen, die Treppen hinauf zum Parterre, 16 Stufen, und noch mal 16 Stufen, möglicherweise noch der tauben Ehefrau begegnen, die wissen will, warum man jetzt schon ins Haus gekommen ist ... es wäre nicht gut gegangen. An die Bäume pinkelt jemand, der all dies im Blick hat, seine Blase nicht überschätzt und keine nasse Wäsche haben will. Gerade der letzte Punkt ist wichtig, ist es doch bisweilen vorgekommen, dass selbst der Weg zur Tanne zu weit war. Kann man also jemanden als verrückt bezeichnen, der in dieser Weise sein Handeln als folgeträchtig im Blick hat, Konsequenzen berücksichtigt und seine Erfahrung in die geforderte Entscheidung einbezieht?

Wenn er dann so beschimpft wurde, reagierte er manchmal mit Trotz und schimpfte zurück wie einer, der sich ungerecht behandelt fühlt, was ja nicht ganz unverständlich ist, wofür gerade der Nachweis erbracht wurde. Manchmal wurde er auch traurig. Auch damit war er Außenseiter, dass er ein Gefühl zeigen konnte. Das konnten sonst nicht so viele. Traurigkeit sowieso nicht. Heinrich konnte das. Wenn er zum Beispiel davon erzählte, dass er in der Zeit der Inflation manchmal traurig war, wenn er lange auf ein Hemd gespart hatte und es sich dann doch nicht leisten konnte, weil es von einem Tag auf den andern ein paar Millionen mehr kostete, dann zeigte sich eine Träne im Augenwinkel, und auch der Enkel wurde traurig und hat sich ein bisschen geschämt. Dann hat der Großvater gesagt, dass man sich nicht schämen muss, wenn man weint. „Gefühle sind etwas Normales", hat der Alte gesagt.

An einem solchen Tag wurde auch mal ein trauriges Lied gesungen: „Alle Tage ist kein Sonntag, alle Tage gibt's keinen Wein, aber du sollst alle Tage recht lieb zu mir sein. Und wenn ich einst tot bin, sollst du denken an mich, auch am Abend eh' du einschläfst, aber weinen sollst du nicht."

Geweint hat niemand bei seiner Beerdigung. Es war ja auch kaum Zeit. Dafür war die Trauerfeier zu kurz.

Heinrich hatte keine großen Wünsche. Als besonderes Ziel seines Lebens hat er für sich selbst definiert, älter zu werden, als sein Vater geworden ist. Der Vater, ebenfalls ein Heinrich, wurde 85 Jahre alt. Großvater starb 86-jährig und hat damit das Ziel seines Lebens erreicht.

Am Lago

Es hatte sich zugezogen. Die Berghügel waren kaum mehr zu erkennen hinter den Wolken, die sich auf den See herabsenkten. Erste Regentropfen fielen und Wind kam auf. Gustav zog sich die Strickjacke über. Er wollte vorsichtig sein, hatte er doch gerade eine Erkältung hinter sich. Ärgerlich genug. Rauer Hals und verstopfte Nase im Hochsommer. Er setzte sich wieder an den Tisch, zündete die Pfeife an und schaute auf den See, der vor einigen Minuten noch spiegelglatt und von der Nachmittagssonne beschienen war. Jetzt aber zeigten sich deutliche Wellen. Wie schnell das Wetter umschlagen kann, dachte Gustav und zog an der Pfeife.

Seit vielen Jahren verbrachte er seine Ferien an diesem See. Immer am selben Ort und immer mietete er dasselbe kleine Haus mit dieser wunderbaren Terrasse, von wo aus man gut auf den See schauen konnte. Früher war er schon mit seiner Frau hierhergekommen. Und er hat diese Gewohnheit auch nicht geändert, nachdem sie gestorben war mit gerade mal 57 Jahren. Zehn Jahre war das jetzt her. Inzwischen hatte Gustav den Ruhestand angetreten und verbrachte noch immer mindestens drei Wochen im Jahr an diesem See. Susanne und er hatten sich oft überlegt, ob sie sich hier nicht ein Haus kaufen sollten, um die Rente gemeinsam am See zu verleben. Dazu ist es nicht gekommen. Der Tod war schneller als ihr Planen – und entschlossener, als sie es waren.

War das da draußen ein Segelboot? Verwundert griff Gustav nach dem Fernglas, das immer in seiner Nähe auf dem Tisch lag. Tatsächlich. Ein weißes Boot mit weißem Segel. Gustav war nie gesegelt, aber dass Segeln bei aufziehendem Unwetter gefährlich ist, das weiß jedes Kind. Wenn er es richtig erkennen konnte, waren zwei Leute auf dem Boot. Warum sind die noch auf dem See? Die sollten sich schleunigst ans Ufer begeben, sinnierte Gustav. Der Regen war stärker geworden und der Wind blies das Streichholz aus, mit dem Gustav die Pfeife neu ent-

zünden wollte. Wahrscheinlich erfahrene Segler, die die Situation gut einschätzen können, beruhigte sich Gustav. Andererseits hatte man schon davon gehört, dass selbst professionelle Wassersportler ertrunken sind, wie auch hin und wieder leidenschaftliche Bergsteiger in den Tod stürzten. Grob geschätzt war das Boot etwa in der Mitte des Sees, gleich weit entfernt von beiden Ufern.

An welchem Ufer die zwei Segler wohl ihren Hafen haben, fragte sich Gustav. Und ob es vielleicht schwierig war, zu entscheiden, welches Ufer sie ansteuern sollten? Oder wurde diese Frage durch den Wind beantwortet? An seinen laienhaften Überlegungen merkte Gustav, dass er gar keine Ahnung hatte. Jeder weitere Gedanke war überflüssig; sinnlos, sich weiter mit den beiden auf dem Boot zu beschäftigen. Vermutlich wussten sie genau, was sie zu tun hatten. Gustav griff nach der Tasse, der Kaffee war schon kalt geworden. In der Ferne war ein Grummeln zu hören, das das Gewitter ankündigte. Gustav beugte sich auf seinem Stuhl nach vorn und sah nun von der Südseite her tiefschwarze Wolken heranziehen. Beim Blick durch das Fernglas meinte er zu erkennen, dass das Boot auf seine Uferseite zusteuerte. Aber so genau war das nicht auszumachen, denn das Boot schaukelte unruhig auf den inzwischen heftigen Wellen hin und her.

Die Erinnerung an ein Erlebnis aus Kindertagen stellte sich ein. Zehn Jahre war er vielleicht alt, als er bei einem Fahrradausflug mit seinem Freund Klaus in ein Gewitter geraten war. Sie hatten das Verbot der Eltern, das Dorf nicht zu verlassen, missachtet. Abenteuerlust hatte sie über die Dorfgrenze hinausradeln lassen, um zu testen, ob ihre Möglichkeiten tatsächlich so beschränkt waren, wie Mütter und Väter es behaupteten. Und dann das Unwetter. Wie eine Strafe brach es aus heiterem Himmel auf sie herein. Gustav entsann sich nun, dass Klaus anfing zu heulen aus Angst vor dem Tod durch Blitzschlag oder vor den Ohrfeigen nach geglückter Heimkehr, wer weiß. Klaus stand vor lauter Panik kurz vor der Bewusstlosigkeit und wäre wohl ohne seinen besonnenen Freund tatsächlich ums Leben gekommen. Gustavs klarer Kopf war die Rettung. Die Regel beachtend machten sie um die Eichen am Feldrand einen großen Bogen und suchten Zuflucht unter einem Traktoranhänger, den Gustav auf dem Acker entdeckt hatte. Schlotternd vor Angst und Kälte saßen sie in ihren nassen Klamotten unter dem Hänger, bis Sturm und Regen weitergezogen waren. Sie waren mit dem Leben davongekommen, und was sie den Eltern als Begründung für das völlig verspätete Nachhausekommen aufgetischt hatten, daran konnte sich Gustav an diesem späten Nachmittag am See nicht mehr erinnern, wie sehr er sein Gedächtnis auch bemühte.

Das Gewitter war nun nähergekommen. Der ein oder andere Blitz zuckte am Himmel. Allmählich wurde es unbehaglich draußen auf der Terrasse am Tisch. Zaun und Sträucher boten kaum mehr Schutz vor dem Sturm. Die Bäume bogen sich und es war so dunkel geworden, dass Gustav beim Blick durch das Fernglas das Boot kaum mehr sehen konnte. Doch unverkennbar stand das weiße Segel nicht mehr aufrecht. Wahrscheinlich war es im Sturm nicht mehr zu halten gewesen. Sicher hatten die beiden Segler es fachmännisch eingeholt. Erneut wurde sich Gustav seiner Unkenntnis bewusst. Man versteht so wenig von diesen Dingen, dachte er und ärgerte sich darüber.

Und wenn die beiden da draußen nun wirklich in Not waren? Vielleicht musste man etwas unternehmen zu ihrer Rettung. Aber was konnte er schon ausrichten, hier von seiner Terrasse aus? Außerdem konnte er ja gar nicht einschätzen, ob da wirklich jemand in Not war. Am Ende brächte man durch einen Notruf eine Riesenaktion in Gang, die sich dann als völlig überflüssig herausstellen würde. Wie stünde man dann da? Ein bisschen Regen, ein paar Blitze, zwei erfahrene Seeleute und ein hysterischer Rentner, der sich mal besser um seinen Kram gekümmert hätte als die Welt mit seinen unqualifizierten Sorgen rebellisch zu machen!

Oder sollte er versuchen, näher heranzukommen, um sich ein besseres Bild von der Lage zu machen? Im Unterstand war ein kleines Ruderboot, mit dem er manchmal am Ufer auf und ab paddelte. Aber was sollte das bringen? Es würde alles nur noch schlimmer machen, wenn er selbst in Gefahr geriete und sich die beiden schließlich noch um ihn kümmern müssten. Dass Übereifer beim Helfen ins Gegenteil umschlagen kann, war Gustav bewusst.

Als junger Kerl war er einmal mit Susanne im Cabriolet seines Onkels unterwegs. Sie hatten eine Tour durch die Weinberge geplant und nach dem Picknick und einem spontanen Schäferstündchen hinter einer Buchsbaumhecke, von der Susanne später immer behauptete, es sei eine Ligusterhecke gewesen, noch eine Fahrt durch den Taunus angeschlossen. Die Serpentinenstrecke war an diesem Tag wenig befahren. Susanne und er waren recht beschwingt, als sie plötzlich hinter einer Kurve am Fahrbahnrand ein schweres Motorrad an der zerbeulten Leitplanke sahen. Gustav brachte das Cabriolet zum Stehen und näherte sich dem Motorrad, während Susanne auf den kleinen Alfa Romeo aufpasste. Ein paar Meter weiter lag der Fahrer des Motorrads. Die leichte Bewegung des Arms zeigte an, dass er noch am Leben war. Gustav winkte Susanne herbei, aber sie wussten beide nicht, was zu tun war. Musste der Helm entfernt werden oder durfte man den gar nicht anrühren, um eine Beschädigung an der Wirbelsäule zu vermeiden? Wie war das noch mal mit der stabilen Seitenlage? Susanne meinte, man müsste irgendetwas tun, aber Gustav zögerte, weil er nicht irgendetwas tun wollte. Bloß nicht größeren Schaden verursachen, für den man dann die Verantwortung trägt! Während Susanne an der Unfallstelle blieb, fuhr Gustav zum nächsten Gasthaus, wo nach dem Rettungswagen telefoniert wurde. Später bestätigte der Notarzt Gustavs ahnungsvolle Vorsicht: Sie haben richtig gehandelt. Übereifer beim Helfen kann ins Gegenteil umschlagen. Genau so waren die Worte des Arztes. Sogar Stimme und Tonfall hatte Gustav nun wieder im Ohr.

Und wie er jetzt hier so auf seiner Terrasse saß und in das Unwetter auf dem See blickte, kam ihm das Zaudern wieder in den Sinn, ob man den Helm nun besser abnahm oder nicht.

Nun sollte er aber wirklich ins Haus gehen, überlegte Gustav und dachte mit Groll an die Erkältung der letzten Woche. Die Umrisse des Bootes waren immer noch auszumachen auf dem See. Wann erreichen die denn endlich das Ufer? Gustav wagte noch einen Blick durchs Fernglas, und es schien ihm, als würde einer der Segler ein helles Tuch oder vielleicht eine Jacke oder ein T-Shirt schwenken. Es wirkte wie eine weiße Fahne, mit der man im Krieg dem Feind seine Bereitschaft zur Aufgabe signalisiert. Kapitulation auf der ganzen Linie.

Jetzt übertreibst du wirklich, Gustav! Er musste lächeln über sich selbst. In Seenot schwenkt man keine weißen Fahnen, da schießt man eine Leuchtkugel in den Himmel. Das hatte Gustav einmal in einem Film gesehen. War es nicht eine Romanverfilmung, wo es darum ging, dass zwei vermeintlich beste Freunde auf einer Jacht in Streit geraten, weil alte Rivalitäten zur Sprache kamen und zuletzt einer der beiden über Bord ging, wobei der andere nachhalf. Von wem war nur noch mal der Roman? Und worin bestand die Rivalität? Gustav ärgerte sich einmal mehr über das im Alter nachlassende Gedächtnis. Vielleicht waren das da draußen auf dem Boot auch zwei vermeintlich beste Freunde. Wie dem auch sei: Es brachte nichts, wenn er sich weiter den Kopf zerbrach – schließlich konnte man selbst bei Leuten, die sich ganz offensichtlich in Gefahr befanden, nie wissen, ob sie auch wirklich Hilfe haben wollten.

Gustav musste an eine Situation denken, in die er einmal bei einem Spaziergang geraten war. Eine Gruppe junger Männer bedrängte eine Frau, die offensichtlich ihres Weges gehen wollte, woran sie aber durch diese Halunken gehindert wurde. Gustav hatte die Szene einen Augenblick beobachtet und war zu dem Urteil gekommen, dass in dieser Lage dringend Hilfe geboten war. Zu oft hatte man schon gehört, dass ein schwacher Mensch in Bedrängnis geraten war und andere achtlos vorübergegangen waren. Alte Geschichte, dass einer unter die Räuber fällt und ehrbare Männer wie Priester und Tempeldiener einen Bogen um ihn machen, bis schließlich der barmherzige Samariter kommt und ganz selbstverständlich zupackt. Der Weg zwischen Jericho und Jerusalem kann ebenso gut zwischen zwei Ampelanlagen einer größeren Stadt liegen, machte sich Gustav damals klar. Zivilcourage wurde immer wieder gefordert. Aber durch Reden pflanzt man keinen Baum! Handeln war angezeigt!

Na, so viele gegen eine einzelne Frau; ist das nicht ein bisschen unfair? Mit diesen oder ähnlichen Worten hatte sich Gustav damals der Gruppe genähert. Die Reaktion der jungen Leute war verblüffend. Sie drohten ihm Schläge an und rieten ihm, nicht den Helden zu spielen. Auch von der Frau wurde Gustav enttäuscht: statt ihn dankbar zum rettenden Prinzen zu erklären, lachte sie ihn aus und bezeichnete den Vorfall als übliche Kappelei unter Mitgliedern ihrer Gang. Mit diesen Würstchen werde sie auch ohne ihn fertig. So kann es gehen, wenn man seine Nase in Dinge steckt, die einen nichts angehen.

Gustav war ganz in seinen Erinnerungen versunken und fragte sich – wie immer, wenn er an diese Situation dachte –, ob er tatsächlich die Lage so völlig falsch eingeschätzt hatte.

Als er aus seinen Gedanken auftauchte, bemerkte er, dass das weiße Segelboot nicht mehr zu sehen war. Nun haben sie also doch das Ufer erreicht, murmelte Gustav vor sich hin. Wurde ja auch Zeit. Bei Unwetter sollte man nicht zu lang auf dem See bleiben.

Im Café, wo er zu frühstücken pflegte, hörte Gustav am nächsten Morgen ein Gespräch von Einheimischen über das Gewitter vom Vortag. Da seien noch Leute auf dem See gewesen, die in Not geraten seien. Es gebe zwei vermisste Personen, die wohl mit einem weißen

Boot mit weißem Segel draußen waren. Wer etwas bemerkt habe und Auskunft geben könne, solle dies der nächstgelegenen Polizeiwache melden.

Gustav nahm einen Schluck vom heißen Kaffee. Was könnte er an Auskünften geben? Er wusste ja noch nicht einmal, ob es sich bei den Vermissten um die beiden handelte, die er gesehen hatte. Weiße Segelboote gab es viele. Wer weiß, ob nicht noch weitere Boote auf dem See waren. Was sollte er sagen, ginge er nun zur *Polizia Municipale*? Wahrscheinlich würden tausend Fragen gestellt, auf die er keine Antworten hätte. Und außerdem war für den kommenden Tag die Heimreise geplant. Drei Wochen waren vorüber, und er hatte sich vorgenommen, direkt nach seiner Rückkehr Susannes Grab neu zu bepflanzen.

Nachbarn

Es kann vorkommen, dass Harald lange am Fenster sitzt und auf die Straße schaut. Seit er im letzten Jahr in den Ruhestand verabschiedet wurde, weiß er nicht mehr so recht, wie er den Tag herumkriegen soll. Als er anfangs unruhig durch die Wohnung gelaufen ist, hat das seine Frau völlig nervös gemacht. Sie war es gewohnt, allein zu Hause zu sein und hatte ja auch genug zu tun. Nach ihrer Entlassung mit Mitte fünfzig hatte sie sich keine neue Stelle mehr gesucht. Die Vier-Zimmer-Wohnung und das kleine Gartenstück, Mitarbeit im Kirchenvorstand und ein bisschen Haushaltshilfe bei einer alten Frau in der Gemeinde, das alles war gerade genug. Sie war schon früher der Meinung, Harald sollte sich neben seinem Job als Leiter des Friedhofsamtes eine Beschäftigung suchen, vielleicht ein Hobby. Was hatte sie nicht alles für Vorschläge gemacht! Für ein Engagement in der Turnabteilung des örtlichen TuS hielt er sich nicht für sportlich genug, für ein Ehrenamt im Heimat- und Geschichtsverein glaubte er, nicht ausreichend gebildet zu sein, und für eine Beteiligung beim Faschingsklub fehlte ihm die lustige Ader. Außerdem, wie sähe das denn aus: der ehemalige Leiter des Friedhofsamtes beim Karnevalsverein! Die Skatrunde sei nicht seine Sache. Da würde ohnehin mehr getrunken als Karten gespielt. Und nach Besuchen bei Volkshochschulkursen stehe ihm nicht der Sinn. Natürlich, eine Sprache lernen für Urlaubsaufenthalte wäre ganz nett, aber bislang seien sie ja auch im Ausland immer gut zurechtgekommen, zumal man ja fast überall Englisch spreche, was Renate schließlich prächtig beherrsche.

Renate war mit ihrem Latein am Ende. Sie ließ Harald in Ruhe mit irgendwelchen Vorschlägen, gewöhnte sich an seine Anwesenheit zwischen Frühstück und Mittagessen und Abendessen. Er machte ja auch gar keinen unglücklichen Eindruck; ganz im Gegenteil. Er genieße seine Freiheit und es mache ihm nichts aus, in der Wohnung herumzugehen, mal im Keller nach dem Rechten zu sehen und vor allem ausführlich in der Tageszeitung zu lesen. Und so kann es eben vorkommen, dass Harald lange am Fenster sitzt und auf die Straße schaut.

„Schau dir das an, Renate: Der Mann aus dem Wohnblock gegenüber kommt mit seinem Hund wieder zurück. Das ist heute schon das dritte Mal, dass er mit dem kleinen Dackel draußen war. Muss so ein kleines Tier denn so oft raus? Wahrscheinlich ist er es, der mehrfach am Tag rausmuss. Was der wohl beruflich macht? In Rente ist der bestimmt noch nicht; dafür ist er noch zu jung. Vielleicht Homeoffice. Das ist ja heute modern. Die Firmen sparen sich die Miete für Büroflächen, und die Angestellten müssen zusehen, wie sie ein Zimmer für Schreibtisch, Regale und Sessel einrichten. Und obendrein bleiben sie noch auf den Strom- und Heizkosten sitzen. Vermutlich muss er deshalb öfter raus, weil die Wohnung zu klein geworden ist. Ich frage mich, was er eigentlich immer in diesem Rucksack mit sich herumträgt. Er hat immer einen Rucksack auf dem Buckel, wenn er mit dem Hund rausgeht.

Besonders gefüllt sieht der Rucksack gar nicht aus, aber leer wird er auch nicht sein. Wobei, wenn er unterwegs etwas einsammelt, dann braucht er natürlich dafür ein Behältnis. Vielleicht sammelt er Steine oder irgendwelche Kräuter. Das bringt einen natürlich zu der Frage, wo er überhaupt hingeht mit seinem Hund.

Wenn er nur an der Straße entlangmarschiert, dann sieht es mau aus mit irgendwelchen Kräutern und besonderen Steinen. Dann muss er schon eher die Feldwege ablaufen. Vielleicht geht er aber auch unterwegs ein bisschen einkaufen, so Kleinigkeiten für den täglichen Bedarf. Seine Frau geht bestimmt nicht zum Einkaufen. Die sehe ich nur in teuren Klamotten rumlaufen. Und immer diese Stöckelschuhe. Mit denen kann man gar nicht einkaufen gehen. So wird es sein. Er bringt auf dem Weg einfach ein paar Sachen mit, die man halt so braucht. Allerdings, wo lässt er dann den Hund? Mit dem kommt er ja in keinen Supermarkt rein, und auch im Lebensmittellädchen haben Tiere keinen Zutritt, was natürlich auch wieder absurd ist, weil im Lädchen die Katze der Bedienung herumläuft."

Diese Gedankenkette hat Harald schon oft im Kopf geknüpft – und fast jedes Mal endet sie an der Stelle mit dem Lädchen und der Katze. Er kommt einfach nicht weiter, weil er meistens unterbrochen wird. Diesmal ist es die Koreanerin aus dem Haus schräg gegenüber, die seine Aufmerksamkeit beansprucht. „Siehste, Renate, jetzt muss die Koreanerin wieder mit dem Rad fahren. Und das bei diesem stürmischen Wetter heute. Ja ja, ich weiß: Jetzt sagst du gleich wieder, dass wir doch gar nicht wissen, ob sie eine Koreanerin ist. Sie sieht aber so aus. Außerdem ist es ja auch egal. Irgendwie muss man sie ja nennen, wenn man den Namen nicht weiß. Koreanerin, Vietnamesin, Japanerin; wer soll da den Unterschied so genau wissen. Wo sie jetzt wieder hinfährt mit ihrem Fahrrad? Das möchte man wirklich mal wissen.

Vielleicht hat sie auch irgendwo einen Kleingarten, so wie du, Renate. Ich komme drauf, weil sie in dem Korb auf dem Gepäckträger oft irgendwelches Gemüse transportiert. Nun gut, das kann sie im Hofladen gekauft haben. Andererseits sehen sie und ihr Mann so aus, als würden sie nicht unbedingt Geld für Lebensmittel ausgeben, die man sich genauso gut selbst anpflanzen und ernten kann. Wo ist der Mann eigentlich wieder? Der muss eine Arbeit ziemlich weit weg haben. Manchmal ist er für sechs Wochen am Stück zu Hause und dann fährt er wieder los, so wie vor vierzehn Tagen, und taucht für die nächsten zwei Monate nicht mehr auf. Ich bin mir ziemlich sicher, dass der irgendwo im Ausland arbeitet. Würde der hier im Land arbeiten, dann könnte er ja wenigstens am Wochenende mal nach Hause kommen. Aber fast ein Vierteljahr ... Nein, ich bin mir sicher, dass der im Ausland arbeitet. Das würde erklären, dass er nicht an jedem Wochenende kommen kann.

Ein Bürojob kann es nicht sein. Den Eindruck macht er nicht. Eher was Handwerkliches. Wenn er zu Hause ist, macht er ja auch dauernd irgendwas an der Werkbank in seiner Garage, wenn ich das richtig beobachtet habe. Vielleicht auch Maschinenbau. Da kommt es ja vor, dass die Firma im Ausland aktiv ist und ihre Mitarbeiter auf Montage oder zur Beaufsichtigung dann dahin schickt, weil es den Arbeitern vor Ort am Knowhow fehlt. Das ist ja auch so eine verrückte Sache: Hier schließt man Betriebe und erledigt die Produktion woanders, wo es viel billiger ist. Und dann müssen die Leute dort zu Hungerlöhnen malochen. Da funkt dann keine Gewerkschaft dazwischen mit Tarif und Arbeitsschutz, und bei tausend Subunternehmen weiß zum Schluss sowieso niemand mehr, wer wofür die Verantwortung trägt. Das ist Globalisierung. Und die Koreanerin, die vielleicht überhaupt keine Koreanerin ist, muss wieder monatelang mit dem Fahrrad bei Wind und Wetter unterwegs sein. Besser, als wenn er arbeitslos wäre, wird sie sich wohl denken."

Inzwischen ist Renate wieder vom Einkaufen zurück. Harald hat gehört, wie die Haustür geöffnet und geschlossen wurde, und jetzt hört er die typischen Geräusche, die Renate immer macht, wenn sie die Klappkisten hin und her schleppt und die Sachen verstaut.

„Renate, vor ein paar Minuten ist drüben im dritten Stock der Rolladen hochgegangen. Überleg mal, es ist schon fast Mittag. Da sind wir schon fünf Stunden auf den Beinen. Die Frau, die da wohnt, ist ja noch ziemlich jung. Eigentlich noch viel zu jung, um bis zum

Mittag zu pennen und Gott den guten Mann sein zu lassen. Ich weiß, Du sagst gleich wieder, dass sie vielleicht einen Beruf mit Schichtdienst hat, eine Krankenschwester, die erst um sechs heut' Morgen vom Dienst gekommen ist. Ich bin mir da nicht so sicher. Viel wahrscheinlicher kommt mir vor, dass es sich hier um eine Studentin handelt, die aber nicht wirklich studiert. Das kommt ja nicht selten vor. Bei den meisten Studiengängen gibt es seit einiger Zeit Semesterhöchstzahlen, habe ich in der Zeitung gelesen, aber das wird kaum überprüft. Der Bologna-Prozess sollte das Studium hierzulande ja ein bisschen mehr verschulen, damit es kürzer wird und leistungsgerechter.

Aber das hat natürlich auch nicht geklappt. Wie die meisten Reformen halt eher was fürs Palavern im Ministerium sind, aber nichts für das wirkliche Leben. Und da fragt man sich unwillkürlich, wovon diese junge Frau eigentlich lebt. Wahrscheinlich betuchte Eltern, die die Wohnung und das Studium finanzieren. Und dazu den schicken Kleinwagen, der immer gegen die Fahrtrichtung und damit verkehrswidrig parkt. Dauernd fährt eine Polizeistreife durch die Straße, aber dass die mal bei den Falschparkern durchgreifen würden ... Fehlanzeige! Ist dir schon mal aufgefallen, Renate, dass da auch dauernd andere Kerle reingehen? Wie, die könnten auch woanders im Haus unterwegs sein? Die müssten ja nicht unbedingt mit der jungen Frau zu tun haben? Klar doch! Ich sehe die Typen doch auch auf ihrem Balkon; meistens mit einer Kippe im Mund.

Wer raucht heute überhaupt noch – bei diesen Bildern auf den Packungen! Am Ende verdient sich die Frau mit den Herrenbesuchen ihren Lebensunterhalt. Man weiß ja nie. Wie soll man auch so genau wissen, was in der Nachbarschaft alles so vor sich geht. Es steht den Leuten ja nicht auf der Stirn geschrieben. Gut, das ein oder andere kann man sich durch genaue Beobachtung erschließen. Aber manches lässt sich nicht so einfach durchschauen. Sicher gibt es Hinweise, die manches wahrscheinlicher machen als anderes. Oft ist man tatsächlich auf Vermutungen angewiesen; da muss man die Lücken durch Annahmen schließen. Sonst wird am Ende keine eindeutige Geschichte draus."

Nachdem Harald mal kurz am Briefkasten war, bezieht er mit der Hauswurfsendung wieder seinen Posten. Die Briefe von der Versicherung und vom Finanzamt hat er Renate hingelegt, die für die Verwaltungsdinge zuständig ist. Harald hat in seinem langen Berufsleben genug mit Verwaltung zu tun gehabt; das muss er nun wirklich nicht mehr haben.

Der Magen macht sich bemerkbar. Harald hat seit dem Frühstück nichts mehr zu sich genommen. Ob er sich in der Küche einen Apfel nehmen sollte? Aber nun war er ja gerade erst am Briefkasten. Renate sieht es ja nicht so gern, wenn er so viel durch die Wohnung läuft. Da will er doch auch Rücksicht nehmen, soweit es möglich ist. Wenn er ihr bei ihren vielfältigen Beschäftigungen im Weg steht, sorgt das für Verdruss, was Harald unbedingt vermeiden will. Lieber noch ein bisschen sitzen bleiben. Vielleicht mal durch das Stadtteilblättchen lesen, das er gerade vom Briefkasten hereingebracht hat, bevor Renate die Werbeeinlagen durchschaut und es dann zum Altpapier wirft. Haben die Vereine doch wieder einige Veranstaltungen durchgeführt, von denen im Blättchen berichtet wird. Die Turnabteilung hat mit Kaffee und Kuchen neue Mitglieder geworben. Was ist denn das für ein Sport, bei dem man sich am Kuchenbuffet die Pfunde gleich wieder draufschafft, denkt Harald. Der Heimat- und Geschichtsverein hat einen ‚Tag der offenen Tür' veranstaltet mit Tombola. Und siehe da: der Hauptgewinn fiel auf das Los der Vorsitzenden vom Faschingsklub. Ist nicht der Kassenwart vom Heimat- und Geschichtsverein der Schwager der Gewinnerin, versucht Harald sich zu erinnern. Ganz sicher ist er sich gerade nicht, aber es wäre ja typisch, die Hauptgewinne im Kreis der Familie zu belassen. Ein Fresskorb im Wert von 120 Euro für ein Los von 50 Cent. Harald versucht, sich Klarheit zu verschaffen über die Verwandtschaftsverhältnisse in den Vereinsvorständen, aber sein Gedächtnis spielt im Augenblick mit ihm Versteck. Er hat schon zu viel erlebt an diesem Vormittag am Fenster. Da ist die Konzentration inzwischen etwas in Mitleidenschaft gezogen. Die örtliche Volkshochschule wirbt für einen Spanischkurs, der bald beginnen soll und in dem noch drei Plätze frei sind. Das wäre vielleicht etwas für Renate.

Gegenüber tut sich wieder was. Es wird nicht langweilig. „Renate, sind die wieder zusammen? Ich sehe eben, dass der freundliche Inder wieder vor dem Haus geparkt hat. Wie, der ist kein Inder? Dann halt Pakistani. Auf alle Fälle hab' ich den ewig nicht gesehen. Genau genommen, seit *sie* dir erzählt hat, dass sie sich getrennt haben. Jetzt scheint er wieder hier zu sein. Nein, es sieht nicht so aus, als würde er nur etwas holen. Er hat weder einen Anhänger, noch trägt er irgendwelche Kisten. Und außerdem hatte ich den Eindruck, als hätten sie sich kurz umarmt und geküsst. Warum mich das so beschäftigt? Na, das wäre doch was, wenn bei den vielen Scheidungen heutzutage auch mal Leute wieder zusammenkommen. Was sagst du? Die waren gar nicht verheiratet? Nur so zusammen?

Das passt ja auch in die Zeit, dass man möglichst wenig Verantwortung füreinander übernimmt. Da lebt man eben mehr oder weniger unverbindlich beieinander, teilt die Schokoladenseiten des Lebens und weiß am Ende nicht einmal, welche Form der Beerdigung der andere gewünscht hätte. Hab' ich die letzten Jahre oft genug erlebt. In der Zeitung nennen sie das „Individualisierung". Die Leute sind so stark auf sich bezogen, dass da kein Platz mehr ist, sich umeinander zu kümmern. Da wird nicht rechts und links geschaut; Hauptsache, die eigenen Interessen kommen zum Zug. Das soziale Leben wird immer ärmer, hat man durch verschiedene Studien herausgefunden. Man interessiert sich nicht mehr füreinander, kann man da in der Zeitung lesen. Wahrscheinlich bin ich hier in der Straße der Einzige, der auch mal nach den anderen schaut und nicht nur auf seinen eigenen Kram."

Komplizierte Rechnungen

Sollte er einfach bei ihr anrufen? Warum eigentlich nicht? Sie hatte ihn ja mit Nachdruck dazu aufgefordert. Er drehte die kleine Karte mit dem Namen und der Mobilfunknummer zwischen den Fingern und legte sie dann neben die Kaffeetasse. „Darf es noch was sein?", unterbrach die Bedienung seine Gedanken. Er versuchte, sich zu erinnern, wie das eigentlich abgelaufen war in der letzten Woche, als er auf der Terrasse eines ähnlichen Cafés saß. „Nein danke, ich möchte dann bezahlen."

„Geht klar", flötete sie. „Ich bring' die Rechnung, wenn ich wieder vorbeikomme." Sie kam aber erst einmal nicht mehr vorbei.

Runa Stevenson, so hatte sie sich vorgestellt und so stand es auch auf der Karte. „Runa." Er hatte es im Internet nachgeschaut: „die Geheimnisvolle". Das passte sehr gut.

Wie war das eigentlich abgelaufen in der letzten Woche? Er hatte die Trauerfeier für Rudolf van den Berg gehalten, der nach langer Krankheit im Alter von 78 Jahren gestorben war. Danach war er noch mitgegangen zum Trauerkaffee, wo er kaum jemanden kannte, aber sich kurz mit seiner Tischnachbarin, einer alten Dame, unterhielt – und etwas länger mit dem jüngeren Ehepaar gegenüber. Als er sich von der Witwe van den Berg verabschieden wollte, fand er sie draußen auf der Terrasse des Cafés, wo sie mit einer jungen Frau im Gespräch war. Beide rauchten und hatten ein Lächeln der schönen Erinnerung auf den Lippen. „Was, Sie wollen doch nicht schon gehen! Setzen Sie sich doch noch einen Augenblick zu uns. Darf ich Ihnen eine liebe Freundin unserer Familie vorstellen, Frau Stevenson." – „Dürfen Sie", dachte er, während sein Blick auf Frau Stevenson ruhte. Eigentlich hatte er es ja auch nicht so eilig. „Ich rauche gern noch eine mit Ihnen", sagte er betont lässig und zog sich einen Stuhl vom Nachbartisch heran.

„Sie haben eine sehr ansprechende Predigt gehalten; ich war sehr berührt", sagte die Schönheit, die ihm als Frau Stevenson vorgestellt worden war. „Rudolf hätte es sehr gemocht, wie Sie über ihn gesprochen haben; so realistisch, nicht übertrieben, wie man es oft auf Friedhöfen erlebt."

Sie gefallen mir auch sehr gut, dachte er und sagte: „Vielen Dank. Sie sind oft auf Friedhöfen?"

Und während er sich an ihren lebendigen Gesichtszügen, dem kastanienfarbenen Haar, das zu einer interessanten Frisur gestaltet war, und der erregend gut geformten Figur erfreute, ergab sich ein längeres Gespräch, zunächst zu dritt und dann mit Frau Stevenson allein, weil die Witwe sich um andere Trauergäste kümmern musste.

Schließlich sagt Frau Stevenson: „Es war schön, Sie kennenzulernen."

„Ja, das hat mich auch gefreut."

Und wieder Frau Stevenson: „Vielleicht haben Sie ja mal Zeit und kommen auf einen Kaffee bei mir vorbei. Ich bin meistens in meinem Atelier." Sprach's und reichte ihm das Kärtchen mit vollem Namen und Mobilfunknummer, das er nun einige Tage später zwischen den Fingern gedreht und neben die Tasse gelegt hatte.

Sehr gerne komme ich auf einen Kaffee vorbei; am besten gleich morgen, dachte er mit einem Anflug von schlechtem Gewissen, weil er gerade erst vor 14 Tagen die Scheidung von seiner Frau hinter sich hatte. Und sagte: „Na ja, das ist eben tatsächlich eine Frage der Zeit. Aber vielleicht klappt es ja mal."

Während er noch weiter auf die Rechnung wartet, spielt seine Erinnerung verrückt: Plötzlich weiß er nicht mehr, in welchem Café er sich befindet. Er schaut sich um, ob er irgendwo Runa Stevenson entdeckt, aber sie ist natürlich nicht zu sehen. Er ist auch unsicher, ob die junge Bedienung inzwischen kassiert hat und er einfach aufstehen und gehen kann oder der Betrag von zwei Euro noch zu entrichten ist. Er geht also hinein und hält Ausschau nach der Bedienung. Wo ist sie nur geblieben? Während er sich umschaut, fällt ihm eine alte Frau hinter der Registrierkasse auf, vermutlich die Inhaberin des Cafés.

„Sagen Sie, ich suche Ihre nette Bedienung. Ich hatte nämlich die Rechnung verlangt, aber es ist eine ganze Zeit vergangen, sodass ich jetzt gar nicht sicher bin, ob ich schon bezahlt habe."

Die alte Frau schaut ihn etwas verwundert durch ihre dicken Brillengläser an. „Sie wissen nicht, ob Sie bezahlt haben? Sie müssten doch einen Beleg haben, wenn die Bedienung abgerechnet hat."

Hilflos kramt er in seinen Hosentaschen und zuckt mit den Schultern. „Ich kann keinen Beleg finden, aber vielleicht hat er ja noch auf dem Tisch gelegen und der Wind hat ihn weggeweht."

„Weggeweht hat ihn also der Wind. Also, lieber Mann, ich weiß auch nicht, ob Sie bezahlt haben. Und die Bedienung ist nicht mehr da. Was sollen wir denn jetzt machen?"

Er schaut ratlos auf die mächtige Registrierkasse und die Frau mit der Brille, deren Gläser so dick wie Bierglasböden wirken. Auf einmal entdeckt er im Hintergrund einen Laptop. „Sagen Sie, da hinten der Computer, müssten da nicht die ausgestellten Belege der letzten Stunden verzeichnet sein?"

„Was weiß ich?", gab die Alte zurück, „damit kenne ich mich nicht aus. Das machen die jungen Dinger, die sind da versierter. Aber wenn Sie schon keine Ruhe geben, kann ich versuchen, etwas über Ihre Rechnung herauszufinden."

Völlig überrascht nimmt er folgendes Schauspiel wahr: Die alte Frau legt sich auf den Rücken und stößt sich mit den Hacken am Boden ab. Auf diese Weise bewegt sie sich durch die Räume zwischen den Tischen und unter den Tischen hindurch. Verwundert reibt er sich die Augen, weil es ihm vorkommt wie in einem Traum.

„Was machen Sie denn da? Stehen Sie doch wieder auf; Sie müssen doch nicht auf dem Boden herumkriechen!", ruft er entsetzt.

„Absurd, gell? Aber was will man mit manchen Gästen machen.“

„Es tut mir wirklich leid“, hört er sich stottern, greift noch einmal in die Hosentaschen und dann auch in die linke Brusttasche seines Hemdes. Was fühlt er da mit Zeige- und Mittelfinger seiner rechten Hand? Während die Alte sich mühsam wieder aufrappelt, wird ihm klar, dass der Rechnungsbeleg über einen Zwei-Euro-Kaffee in seiner Hemdtasche steckt. Unmöglich kann er das jetzt sagen. Was würde die Inhaberin des Cafés denken! Was für ein Auftritt!

Nun steht sie wieder vor ihm und hat die Arme in die Hüften gestemmt. Jetzt kann er erst recht nicht mehr sagen, dass er den Beleg gefunden hat und damit seine Frage beantwortet ist.

„Ich mache Ihnen einen Vorschlag“, bringt er zögerlich hervor. „Ich habe gerade überlegt, dass wir die Situation offensichtlich nicht mehr klären können. Ich habe einen Kaffee für zwei Euro getrunken. Was halten Sie davon, wenn ich Ihnen einen Euro gebe. Dann hätten wir den gleichen Anteil am möglichen Gewinn oder am möglichen Verlust.“

Die alte Frau scheint gerührt von diesem Vorschlag. „Das klingt zwar genauso absurd wie hier auf dem Boden herumzukriechen. Aber wir machen es genau nach Ihrem Vorschlag. Sie geben mir einen Euro. Und wenn Sie schon gezahlt haben, habe ich einen Euro zu viel. Haben Sie aber nicht gezahlt, ist in meiner Kasse ein Euro zu wenig und Sie sind günstig davongekommen. Haben Sie aber schon bei der Bedienung gezahlt, haben Sie draufgelegt. Stimmt’s?“

„Stimmt“, gibt er zu. An den Ausführungen schien alles korrekt.

Auf dem Weg zum Parkplatz war er völlig verwirrt und kam sich immer noch vor wie in einem skurrilen Traum. Hinter dem Lenkrad setzte er die einzelnen Teile zusammen: Trauer, Café, Runa Stevenson, Gewissensbisse, Trennung und Scheidung, dicke Brillengläser, Sehstörung und skurrile Aktion unter den Tischen, fehlender Umgang mit etwas Neuem wie dem Computer und unbezahlte oder überbezahlte Rechnung. „Wann hat man genug gezahlt, bevor man gehen kann?“ Diese Frage kam ihm in den Sinn, als er das Schiebedach öffnete und den Wagen startete.

Runa Stevenson hat er nie wiedergesehen.

Heißer Draht

Seit geschlagenen fünf Minuten hing Manuela nun in der Warteschleife des größten Kommunikationsunternehmens der Republik. Vom ersten Klingeln an hatte sie alle Schritte durchlaufen, Wahlnummern von eins bis vier für unterschiedlich erfragte Funktionen gedrückt, der Stimme auf dem Band an entsprechenden Stellen zunehmend gereizt Ja und Nein geantwortet und hoffnungsfroh wie erwartungsvoll der Ansage vertraut, sie werde mit dem nächsten freien Mitarbeiter verbunden. Dann hörte sie Musik, die weit entfernt von ihrem Musikgeschmack lag. Sie wollte aber auch den Hörer nicht zur Seite legen, um den nächsten freien Mitarbeiter nicht zu verpassen. Warum eigentlich Mitarbeiter? Können nur Männer ein Problem mit dem Router der Telefonanlage beheben? Vielleicht würde sich ja auch eine Mitarbeiterin melden. Dann wäre das Unternehmen entlarvt, nicht auf dem aktuellen Stand der gendergerechten Sprache zu sein. Und während sie so die Gedanken schweifen ließ, knackte es plötzlich in der Leitung. Sie glaubte, ihren Ohren nicht zu trauen.

Der Kontakt war abgebrochen. Das Besetztzeichen ertönte. Kurze, aufeinanderfolgende Pieptöne. Fassungslos hielt sie den Fernsprecher noch eine Weile in der Hand, drückte dann mit dem Daumen den roten Knopf, um das Gespräch zu beenden, das das Kommunikationsunternehmen seinerseits längst beendet hatte.

Manuela war vor einer halben Stunde aus dem Büro gekommen. Wie immer hatte sie zuerst die Jacke an die Garderobe gehängt, hatte die hochhackigen Schuhe von den Füßen geschnickt und war zum Telefon gelaufen, um eingegangene Nachrichten abzuhören. Das machte sie jeden Abend so. Genau in dieser Reihenfolge. Ein Ritual beim Nachhausekommen sozusagen. Und dabei hatte sie die Störung bemerkt. Die Nachrichten wurden angezeigt, aber sie waren nicht abzuhören.

Das hatte gerade noch gefehlt. War der Tag im Büro nicht schon stressig genug gewesen? Und jetzt auch noch ein gestörter Feierabend! Ein typischer Montag. Sowieso hatte Manuela nach einigen Jahren im Job den Eindruck gewonnen, dass die Montage am verrücktesten sind. Als hätten die Leute am Wochenende die Zeit genutzt, sich allen möglichen Blödsinn auszudenken, den sie dann am Montag in Manuelas Büro loswerden mussten. Wie oft hatte sie sich vorgesellt, ihre Wochenarbeitszeit zu kürzen und erst am Dienstag ins Büro zu gehen.

Missmutig zog sie Rock und Bluse aus und schlüpfte in die schon am Morgen für den Abend bereitgelegten Kleidungsstücke. Die Leggins mit dem weiten Herrenhemd gehörten zum Ritual. So fühlte sie sich abends wohl. Besonders an den Montagen. Von wohlfühlen konnte aber jetzt keine Rede sein. Wo hatte sie nun wieder diesen blöden Vertrag mit den Daten hingelegt? So sorgfältig sie im Büro ihre Ablage pflegte, so chaotisch ging sie mit den privaten Unterlagen in den eigenen vier Wänden um. Sollte sie sich erst etwas kochen und ein Glas von dem schönen Vermentino genehmigen? Oder doch nicht kochen und lieber etwas vom Thai um die Ecke abholen? Besser bringen lassen, sonst müsste sie sich ja wieder umziehen. Auf alle Fälle Vermentino! Der rief auf so angenehme Weise die Erinnerungen an Urlaube auf Sardinien wach, wo diese Rebsorte schon so lange kultiviert wird. Aber auch im Languedoc hatte sie die Traube schon angetroffen. Während sie sich schon auf diesen trocken ausgebauten Weißen mit dem dezent bitteren Unterton freute, versuchte sie sich zu erinnern. In der Provence ist die Rebe unter dem Namen *Rolle* bekannt, während die korsische Bezeichnung *Malvoisie de Corse* auf die Verwandtschaft mit der Rebsortenfamilie *Malvasia* verwies. Ja, so glaubte sie es gelesen zu haben. Wie dem auch sei: Sie freute sich auf den Anblick der strohgelben Flüssigkeit im Glas, auf den intensiven Geschmack und den leichten Duft von tropischen Früchten. Auf alle Fälle war sie abgeschweift und musste sich nun um das Telefon kümmern.

Mit dem Weißweinglas in der einen Hand und dem Telefon in der anderen wählte Manuela also erneut die Nummer der Hotline und durchlief die ersten Stationen Nummerndrücken und Ja- oder Nein-Sagen. Diesmal war allerdings nicht mehr vom nächsten freien Mitarbeiter die Rede, sondern von einem *digitalen Assistenten*, mit dem man sie zu verbinden gedachte. Verbunden zunächst einmal mit der Bitte um Geduld. Wieder diese schreckliche Musik vom Band. Nun wurde Manuela doch allmählich ärgerlich. Der Magen knurrte und der so ersehnte Feierabend drohte sich in der Warteschleife aufzulösen. „Die Kehrseite der digitalen Errungenschaften", dachte sie mit Groll. Überhaupt schien ihr der digitale Fortschritt mit all seinen Geräten zur vernetzten Kommunikation, Informationsbeschaffung und Unterhaltung eine einzige Beschäftigungstherapie zu sein. Ständig musste man sich um eines dieser Instrumente kümmern. War das Smartphone lange genug am Netz, musste sicher das *iPad* aufgeladen werden. Und kaum war das Laptop mit Strom versorgt, zeigte bestimmt das Telefon nur noch einen Balken und rief verzweifelt nach Saft. Woher sollte die ganze Energie kommen, wenn demnächst alle Haushalte mit Alexas und Siris ausgestattet sein würden und auch der Kühlschrank die Einkaufsliste erstellen würde und jeder seine Wachmaschine von unterwegs ein- und ausschalten würde? Ja, man und frau waren gut beschäftigt in der digitalen Welt. Manchmal schien es Manuela, als käme man vor lauter Tamagotchi-Pflege nicht mehr zu einem klaren Gedanken, der ein gesundes Selbst- und Weltbewusstsein orientieren könnte.

Als sie die Automatenstimme des digitalen Assistenten hörte, hatte sie sich bereits einmal nachgeschenkt. Nun waren erneut Anweisungen zu befolgen, wobei Manuela eine zunehmende Anspannung spürte. Wenn sie nun nicht alle Befehle verstehen würde? Nachfragen konnte sie ja nicht, wo doch am anderen Ende ein Automat den Platz des nächsten freien Mitarbeiters besetzte. Offensichtlich hatte sie aber alles richtig gemacht, denn nach einiger Zeit gab der Automat zu verstehen, er würde nun mit den von Manuela gelieferten Daten auf das System zugreifen, den Router checken und am Ende nach aller Konfiguration und Neuinstallierung den Schaden behoben haben. Etwa fünfzehn Minuten würde es dauern. Manuela solle die Leuchtdioden auf dem Gerät beachten, denn sobald alle Lichter wieder strahlen, sollte das Telefon wieder funktionieren. „Hoffentlich", raunte Manuela dem Automaten zu, denn ihr Smartphone, mit dem sie ja ersatzweise den Kontakt zum Kommunikationsunternehmen aufgenommen hatte, musste wieder an die Steckdose.

Fünfzehn Minuten können lang sein, wenn man wartet. Das wusste Manuela. Nun war aber definitiv eine halbe Stunde vergangen seit ihrem „Gespräch" mit dem digitalen Assistenten. Zehn Minuten gab sie ihm noch und trank unterdessen noch ein Gläschen vom Weißen.

Beim dritten Anrufversuch landete sie tatsächlich nach diversen gedrückten Nummern und dem inzwischen ihrerseits fast automatisch gedrucksten Ja und Nein bei einem leibhaftigen freien Mitarbeiter. Es war tatsächlich ein Mitarbeiter und keine Mitarbeiterin.

„Na, da haben Sie ja Glück", raunzte Manuela in den Apparat, den sie zwischenzeitlich ans Stromnetz gehängt hatte, weshalb sie nicht mehr nervös durch die Wohnung laufen konnte, sondern, durch die geringe Kabellänge eingeschränkt, aggressiv neben der Steckdose auf dem Boden hockte und den Rücken am Bücherregal stützte. „Ja, Glück haben Sie jetzt! Die nächste Aktion wäre die Kündigung meines Vertrags“, wetterte sie und berichtete von den zurückliegenden anderthalb Stunden.

„Das tut mir sehr leid“, sagte der freie Mitarbeiter mit erstaunlich freundlicher Stimme, die osteuropäisch gefärbt war. Hatte sie über die Hotline nun eine Außenstelle in Prag oder Warschau erreicht? Egal, der Typ klang ausgesprochen sympathisch. Diese Stimme und die strohgelbe Flüssigkeit bewirkten doch eine erhebliche Entspannung, sodass Manuela sich gern bitten ließ, von ihrem Problem zu berichten, was sie ja an diesem Abend bereits mehrfach getan hatte.

„Vielen Dank, Sie haben mir sehr geholfen“, sagte der freie Mitarbeiter und zog vernehmbar an seiner Zigarette. Manuela hatte es schon am Klicken des Feuerzeugs bemerkt, dass der Mann aus Tschechien oder Polen sich eine angezündet hatte, während er ihr zuhörte. Vielleicht eine *Sparta* oder eine *Sobieski*.

„Ich kann jetzt etwas in Ihrem System tun und versuchen, Ihr Telefon zu reparieren. Geben Sie mir Ihre Handynummer, bitte. Sie können dann auflegen; ich rufe Sie in zehn Minuten wieder an.“

Gern gab Manuela dem freien Mitarbeiter die Nummer und legte auf. Diesmal würde sie die Uhr genau im Blick behalten. Zehn Minuten hatte er gesagt.

Knapp zehn Minuten später kam der Klingelton.

„Ihre Anlage müsste jetzt wieder funktionieren“, hörte sie die Stimme am anderen Ende. Der freie Mitarbeiter erklärte in allen Einzelheiten, was er unternommen hatte, um das Problem zu lösen. Er nahm sich richtig viel Zeit. War es einfach die Begeisterung für seinen Job? Die Freude am erfolgreichen Tun? Oder wollte er Manuela, die gerade noch einmal die Flasche aus dem Kühler genommen hatte, noch ein wenig in der Leitung halten?

Sei's drum, dachte Manuela, der Abend ist sowieso gelaufen. Ich werde mir nachher noch Brot und Käse nehmen. Oliven müssten auch noch welche da sein. Da kann ich jetzt auch noch ein bisschen telefonieren mit der angenehmen Stimme.

„Sie haben übrigens eine angenehme Stimme.“ Hatte sie das jetzt gesagt? Manuela erschrak kurz. Oder war das der freie Mitarbeiter. Tatsächlich, jetzt war es ganz klar. Der Tscheche – Manuela hatte sich während des Telefonats zur Frage der Herkunft des Mannes festgelegt – wiederholte seinen Satz.

„Sie haben eine angenehme Stimme."

„Das habe ich von Ihrer Stimme auch gerade gedacht", erwiderte Manuela und bemühte sich um einen sachlichen Tonfall.

„Wenn Sie aussehen, wie Ihre Stimme klingt, müssen Sie eine sehr attraktive Erscheinung sein", hörte Manuela die angenehme Stimme an ihrem linken Ohr und fragte sich, ob hier nicht doch der Vermentino sprach.

„Wird das jetzt ein Flirt?", fragte sie mutig mit gespielt brüskem Unterton.

„Entschuldigen Sie, wenn ich Ihnen zu nahegetreten bin. Das wollte ich nicht. Ich heiße übrigens Milan ... wie Milan Kundera ... Sie wissen schon, der Schriftsteller, *Die unerträgliche Leichtigkeit des Seins.*"

„Ja, kenne ich", entgegnete Manuela und spürte den Kundera in ihrem Rücken. „Die Geschichte vom Chirurgen Tomas und der Kellnerin Teresa."

„Eine merkwürdige Liebesgeschichte im Pendel zwischen Glück und Katastrophe."

Einige Wortwechsel später wieder Manuela:

„Ich mochte auch *Das Fest der Bedeutungslosigkeit.* Moment mal ... ist es nicht wie bei uns gerade ..." Sie griff hinter sich ins Regal.

„Was machst du?" fragte er.

„Ich sitze hier auf dem Boden und suche das Buch im Regal hinter mir, das Buch, von dem ich gerade gesprochen habe."

„Du sitzt auf dem Boden? Und da ist ein Regal? Magst Du mir Deine Wohnung beschreiben? Dann erzähle ich Dir etwas über meine Wohnung."

Und so schilderten sie einander ihre Wohnungen.

Inzwischen hatte Manuela das Buch herausgegriffen und Seite 33 aufgeschlagen.

„Ich habe die Stelle gefunden", sagte sie. „Es war nicht schwer. Weißt Du, Milan, wenn mir in Büchern etwas gefällt, ein Satz, ein Gedanke, eine Idee oder so was, dann streiche ich es an. Das ist so eine Angewohnheit. Dadurch kann ich leichter wiederfinden, was mir beim Lesen etwas bedeutet hat. Also, hier steht: ‚Menschen begegnen sich im Leben, plaudern, diskutieren, streiten miteinander, ohne sich bewusst zu machen, dass sie aus großer Entfernung miteinander sprechen, jeder von einem Beobachtungsposten aus, der an einem anderen Ort in der Zeit steht.' Das ist doch eine interessante Beschreibung, oder?"

„Ja, durchaus", stimmte Milan zu. „Du hast gesagt, es sei wie bei uns gerade. Das mit den verschiedenen Orten stimmt wohl. Aber das mit der großen Entfernung? Ich finde die Entfernung zwischen uns gar nicht so groß."

Manuela ließ die Worte auf sich wirken. Und innerlich zustimmend fühlte sie sich an ein anderes Buch von Kundera erinnert, wo Irena glaubt, diesen Mann mit Namen Josef, Emigrant wie sie, zu kennen als einen, mit dem vor vielen Jahren eine Liebesgeschichte begann.

Mülltrennung

Zeitungen und Kartons gehören in die Tonne mit dem grünen Deckel. Alles, was aus Kunststoff besteht, also Plastik, wie zum Beispiel Joghurtbecher oder Käseverpackungen, dieser ganze Kram gehört in die gelbe Tonne. Bio kommt in die braune Tonne ... Bio, das ist was Natürliches, also so Sachen wie Obst- oder Gemüsereste oder Eierschalen oder kaputte Pflanzen. Und dann gibt es noch die graue Tonne – und die ist für den Restmüll. Restmüll? Alles andere, was eben in der Erklärung nicht vorkam.

So hatte es der Mann vom Hausmeisterdienst ihm gesagt, und Berhane hatte es sich genau gemerkt. In seinem Zimmer in der Sammelunterkunft hatte er es sich auf ein Blatt Papier gemalt. Vier Behälter, die man gut als Mülltonnen erkennen konnte; die Deckel farbig ausgemalt in Grün, Gelb, Braun und Grau. Und auf die jeweilige Tonne war beispielhaft ein Gegenstand gezeichnet; eine Zeitungsseite, ein Joghurtbecher, eine Banane. Und auf die Tonne mit dem grauen Deckel malte er ein Mobiltelefon. Tulu, sein Kumpel, hatte ihn ausgelacht. „Das Handy gehört nicht in den Restmüll, du Kasper", hatte er gesagt und Berhane hatte sich geärgert, weil der Mann vom Hausmeisterdienst ihm was Falsches beigebracht hatte. „Handy ist Elektro und Elektro kommt zum Sondermüll", dozierte Tulu mit erhobenem Zeigefinger. Er wusste das nur, weil er als Aushilfe für ein paar Euro beim Wertstoffhof jobbte. Das Telefon wurde ausradiert, und die graue Tonne blieb ohne Symbol.

Während Tulu bei der Stadtverwaltung ein bisschen Arbeit bekommen hatte, verdiente sich Berhane etwas Geld bei der Hausmeisterfirma, die sich im Auftrag einer Hausverwalterfirma um den Zustand einiger Hochhäuser kümmerte, was wiederum im Auftrag einer großen Immobilienfirma geschah. Die Arbeit war nicht schwer. Wenn ernsthaft etwas an und in den Hochhäusern zu reparieren war, musste eine Fachfirma gerufen werden. Für Rohrleitungen oder Elektrogeräte oder den Aufzug oder Arbeiten am Mauerwerk war die Hausmeisterfirma nicht zuständig. Die Wege zu fegen war eine Aufgabe, zu der Berhane manchmal geschickt wurde. Oder wenn mal etwas dreckig und zu reinigen war in den Hauseingängen. Oder eben die Beaufsichtigung der Mülltonnen.

Berhane schien diese Aufgabe die wichtigste von allen zu sein. Der Mann von der Hausmeisterfirma hatte immer wieder von der Bedeutung der Mülltrennung gesprochen. Das sei ökologisch sinnvoll und absolut notwendig. Deshalb die verschiedenen Behälter mit den farbigen Deckeln, die auch dem letzten Trottel – so nannte der Mann von der Hausmeisterfirma Leute, die schwer von Begriff sind, unmissverständlich zeigen, welche Sache in welche Tonne gehört. Man darf die Tonnen halt nur nicht verwechseln. Damit ihm das nicht passierte, hatte Berhane schließlich sein Blatt Papier bemalt, das er sich vornahm, in die grüne Tonne zu werfen, sobald er die Zuordnung fehlerfrei im Kopf hatte. Gott sei Dank gab es nicht noch Besonderheiten beim Sperrmüll, der auf Bestellung bei einer Extra-Abfuhr von einem speziellen Müllfahrzeug geholt und abtransportiert wurde. Wobei, genau genommen sollte Berhane auch hier aufmerksam sein. Es konnte nämlich vorkommen, so die Erläuterung des Mannes von der Hausmeisterfirma, dass die Leute nachlässig etwas unter den Sperrmüll packen, was in den Sondermüll gehört. „Wie zum Beispiel ein Handy oder einen Drucker oder eine Stehlampe“, präsentierte Berhane stolz sein neues Wissen und der Mann von der Hausmeisterfirma hatte nicht schlecht gestaunt. „Hat mir mein Kumpel Tulu erklärt“, sagte Berhane bescheiden, weil er es partout nicht leiden konnte, wenn sich jemand mit fremden Federn schmückte.

Überrascht war Berhane von der Masse des Mülls. Wie viele Sachen mussten die Leute haben, dass sie so viel wegwerfen konnten. Und wie viel Geld mussten sie haben, dass sie sich überhaupt so viel kaufen konnten. Ja, in seiner Heimat hatte der Müll in den letzten Jahren auch stark zugenommen und lag einfach auf den Straßen, je weiter man sich vom Stadtkern entfernte. Aber so viel war es doch nicht. Mülltrennung

– davon hatte er dort nicht viel gehört. Das gab es vielleicht in Addis Abeba, nicht in Gonder, woher er kam, der Hauptstadt des Bezirks Amhara an der Grenze zu Tigray. Da hatten sie andere Probleme als Tonnen mit farbigen Deckeln. Deshalb war er ja auch jetzt nicht mehr in Gonder, sondern in Frankfurt am Main. Zu Hause in Äthiopien war er Student und stand kurz vor dem Abschluss; denn Berhane wollte Lehrer werden. Aber dann musste er fliehen, weil der Premierminister Abiy Ahmed, der 2019 den Friedensnobelpreis erhalten hatte, nun Krieg führte gegen die Volksbefreiungsfront von Tigray.

So viel Müll hier in Frankfurt am Main. Und wenn er sich wieder einmal wunderte über so viel Müll , sagte der Mann von der Hausmeisterfirma, dass das gar kein Wunder sei. „Wir leben in einer Gesellschaft im Überfluss“, sagte er dann immer und erklärte, dass die Leute sich zum Beispiel ganz viel bestellen und bringen lassen von Lieferdiensten und Zustellerfirmen und die Sachen dann ausprobieren und wieder zurückschicken, wenn sie nicht gefallen oder passen, wie zum Beispiel bei Kleidungsstücken. Am Anfang konnte Berhane sich das gar nicht vorstellen und verstand nicht, was der Mann von der Hausmeisterfirma meinte. Erklärung gab es damals von Suat, der bei einer Firma arbeitete, die mit Fahrrädern Essen zu den Leuten bringt.

So viel Müll, dass die Tonnen ihn manchmal gar nicht aufnehmen können, bis der nächste Abfuhrtermin stattfindet. Dann schließen die Deckel gar nicht mehr richtig und hungrige Tiere können den Müll aus den Tonnen herausholen, was dann dazu führt, dass der Müll neben den Behältern liegt, wo er Gestank verursacht und einen ordentlichen Anblick stört.

Und nun steht Berhane an den Tonnen eines Hochhauses und wundert sich. Heute ist nämlich so ein Tag, wo die Tonne mit dem gelben Deckel beim besten Willen nicht mehr schließt. Zu viel Müll. Irgendjemand muss wohl bei der Hausverwalterfirma angerufen und sich beschwert haben über den Zustand mit der gelben Tonne. Dann kam der Auftrag von der Hausverwalterfirma an die Hausmeisterfirma, sich umgehend um diese Tonne zu kümmern, aber *pronto*, bevor jemand sich mit einer Anzeige an die Immobilienfirma wendet.

Wieder steht Berhane bei den Tonnen und wundert sich auf Neue. Der Mann von der Hausmeisterfirma sitzt am Steuer und liest eine Zeitung mit vielen großen Bildern, die eigentlich in die Tonne mit dem grünen Deckel gehören würde, wie Suat mal gesagt hat. „Was sollen wir denn tun, wenn die Tonne viel zu voll ist und der Deckel nicht mehr schließt?", hatte Berhane auf der Fahrt zum Hochhaus gefragt. „Da fällt uns was ein", war die Antwort. „Was soll uns da einfallen? Die gelben Tonnen werden erst in drei Tagen geleert, und wir können den ganzen Müll, der zu viel ist, doch nicht hier im Kleintransporter mitnehmen." „Quatsch nicht so einen Unsinn", hatte der Mann von der Hausmeisterfirma gesagt. „Natürlich nehmen wir den ganzen Müll, der zu viel ist, nicht mit."

Er schien nachzudenken. Und dann meinte er, dass Berhane einfach in den anderen Tonnen schauen muss, ob noch etwas Platz ist, und dann den Müll, der in der gelben Tonne zu viel ist, auf die anderen Tonnen verteilen muss. So lange, bis der Deckel von der gelben Tonne wieder schließt. Und genau das macht Berhane nun und wundert sich und sagt nichts von Mülltrennung, weil sich dann der Mann von der Hausmeisterfirma aufregen würde. Als er seinen Auftrag erledigt hat und alle Deckel wieder schließen, legt er sein Blatt Papier mit der Zeichnung der vier Tonnen obenauf in den Behälter mit dem grünen Deckel.

Krankenbesuch

Es war einer seiner ersten Besuche in der Klinik. Vor wenigen Wochen hatte er den Dienst als junger Seelsorger im Praktikum aufgenommen. Nun stand er vor einer Tür auf der Urologie. In der Hand einige kopierte Zettel, mit denen zum Gottesdienst am nächsten Tag eingeladen werden sollte. 507 stand auf einem Schild neben der Tür. Daniel klopfte, hörte keine Einladung und öffnete vorsichtig die Tür. Ein Dreibettzimmer.

„Guten Tag, mein Name ist Daniel Steeger. Ich komme von der Klinikseelsorge und möchte Sie gern einmal besuchen."

Der Mann, der im Bett an der Fensterseite lag, hatte ihn gerade noch neugierig angeschaut, war aber nach seinen Worten schlagartig eingeschlafen. Der Kranke im mittleren Bett hob seine Zeitung vor das Gesicht und war nicht mehr zu sehen. Der dritte, der das Bett zur Tür hin belegte, nahm Daniel ins Visier und feuerte seine Salve ab:

„Zu mir brauchen Sie gar nicht zu kommen. Ich hab' mit der Kirche nichts am Hut!"

Der junge Seelsorger spielte mit dem Gedanken, das Zimmer sofort wieder zu verlassen; denn hier gab es für ihn offensichtlich nichts zu tun. Gleichzeitig spürte er aber auch einen Reiz durch diese direkte Ablehnung und nahm seinen Mut zusammen:

„Sie haben eine eigene Meinung zur Kirche. Das hört sich spannend an. Vielleicht wollen Sie mir etwas darüber sagen."

Der Mann schaute ihn überrascht an. „Wissen Sie, ich bin vor vielen Jahren aus der Kirche ausgetreten. Und dafür hatte ich tausend Gründe. Damals bei der Debatte um die Nachrüstung, das war ja noch unter Schmidt, da hätte ich von der Kirche erwartet, dass sie mal was sagt. Die hat sich da aber ziemlich rausgehalten. Da bin ich aus Protest ausgetreten. Ich habe ja meinen Glauben. Jeder Mensch glaubt irgendwas. Aber mit der Kirche bin ich fertig. Ich trete da auch nicht wieder ein. Das müssen Sie nicht denken!"

„Denk' ich nicht", erwiderte Daniel.

„Ich hätte ja damals erwartet, dass mal ein Pfarrer zu mir kommt, um mit mir über meinen Austritt zu sprechen. Aber wissen Sie, was passiert ist? Einen Zettel haben die mir geschickt. Da standen Fragen drauf. Den sollte ich zurückschicken. Und wenn ich ein Gespräch wünschen würde, könnte jemand von der Kirchengemeinde vorbeikommen. Da hätte ich schon erwartet, dass die von selbst kommen. Die Gemeinden werden doch immer kleiner. Da muss man doch ein Interesse daran haben."

„Sie sind also ausgetreten, weil die Kirche nicht gegen die *Pershing*-Raketen protestiert hat. Meistens höre ich es genau anders herum. Da treten Leute aus, weil sich die Kirche angeblich zu viel in die Politik einmischt."

„Da bin ich anderer Meinung. Ich hab' den Krieg noch erlebt als ganz junger Kerl."

Beide schweigen einen Augenblick, bevor der Mann wieder einsetzt.

„Als dann meine Schwiegermutter gestorben ist, kam die junge Pfarrerin ins Haus. Der habe ich das auch schon gesagt, und wir haben über alles gesprochen. Drei Stunden hat sie bei mir abgesessen."

„Abgesessen? Vielleicht hat sie sich ja gerne mit Ihnen unterhalten."

„Ja ja, ich hab' den Krieg noch erlebt. Und schon damals hat die Kirche da mitgemacht. Den Segen hat sie gesprochen. Dabei lese ich in der Bibel: *Du sollst nicht töten!* Und dann werden Waffen gesegnet und die, die mit ihnen andere umbringen. Ja hat man da noch Worte?"

Er deutet auf seinen Bettnachbarn. „Er hat heute Morgen seinen Nierenstein verloren. Und bei mir war Blut im Urin. Aber es ist im Lauf des Tages schon wieder besser geworden. Es wird wieder. Sie wollen uns ja Trost zusprechen. Es ist in Ordnung, dass Sie mal da waren."

„Ich bin immer noch da", entgegnete Daniel.

„Vor einigen Jahren ist bei uns im Ort ein Kind überfahren worden", sagte der Mann im Bett jetzt. „Die Mutter hat es auf die andere Straßenseite gerufen, und als das Mädchen zwischen parkenden Autos hindurch auf die Straße lief, wurde es überfahren. Die Eltern waren nicht in der Kirche und es gab keine kirchliche Beerdigung. Damals war man da streng. Ich weiß nicht, wie das heute ist, aber so geht das doch nicht. Man kann die Leute doch in so einer Situation nicht alleine lassen."

„Verstorbene, die nicht in der Kirche waren, können durchaus bestattet werden. Aber was Sie da erzählen von diesem Unfall, ist furchtbar. Was muss in der Mutter vorgegangen sein? Und wie wurde das Ehepaar mit diesem Schicksalsschlag fertig?"

„Der Fahrer im Auto konnte das Kind nicht sehen, weil es ja zwischen den anderen Autos plötzlich rausgekommen ist."

Wieder trat einen Moment Stille ein.

„Wissen Sie, das mit dem Kind ist mir lange nachgegangen. Noch heute muss ich manchmal daran denken. Und die Kirche hat sich nicht darum gekümmert. Bei mir altem, gottlosen Kerl ist das was anderes. Da braucht sich keiner drum kümmern. Ich habe schon meinen Platz auf dem Friedhof. Für alle Fälle."

„Einen Platz auf dem Friedhof haben Sie schon. Hätten Sie auch gern einen Platz bei Gott?" Daniel wunderte sich darüber, dass er von sich aus die religiöse Frage stellte.

„Wissen Sie, mit meiner Blase, das ist Krebs. Die Operation, die ich gerade hinter mir habe, wird nicht die letzte gewesen sein. Aber es nützt ja nichts, zu lamentieren. Man muss es nehmen, wie es kommt. Ich habe mich schon darauf vorbereitet. Von den Ärzten hört man ja nichts Genaues. Die wollen es einem langsam und schonend beibringen. Aber der Tumor war doch ziemlich groß. Man muss jetzt abwarten. Ich habe mich vorbereitet."

„Sie haben über Ihren eigenen Tod nachgedacht."

Der Mann weinte leise vor sich hin, und Daniel ließ ihm Zeit.

„Kommen Sie die nächsten Tage noch mal vorbei?", fragte er.

„Das kann ich gerne machen. Wenn ich wieder im Haus bin, komme ich auf alle Fälle noch mal zu Ihnen."

„Gut. Jetzt will ich Sie aber nicht länger aufhalten. Sie haben ja noch ein paar Zettel zu verteilen. Geben Sie mir auch einen? Zum Gottesdienst komme ich nicht, ganz bestimmt nicht. Aber so einen Zettel will ich doch haben."

Beim nächsten Besuch erzählte der Mann von seiner Frau, mit der er in zweiter Ehe verheiratet war. Zwanzig Jahre jünger als er selbst, hätte sie noch einiges vor sich, wenn er nicht mehr da wäre, mutmaßte er. Daniel hörte ihm gerne zu und freute sich über das Vertrauen, das zwischen ihnen entstanden war. Manchmal lachten sie gemeinsam, wenn sie an den Tag des ersten Besuchs zurückdachten.

„Warum waren Sie da eigentlich so abweisend", wollte Daniel wissen.

„Ach, Herr Pfarrer, eigentlich wollte ich Sie nicht erschrecken oder wegschicken. Im Gegenteil. Ich wollte mich gern mit Ihnen unterhalten. Aber ich war mir nicht sicher, ob Sie meine ganzen Geschichten ertragen können. Sie sind ja ein junger Kerl. Und wahrscheinlich hab' ich gedacht, wenn ich ihn ein bisschen erschrecke mit meinem Geschimpfe über die Kirche und er das aushält, dann wird er vielleicht auch aushalten, wenn ich ihm von der Krankheit und sonst noch was erzähle."

„So war das also", lächelte Daniel. Der Alte hatte also einen Plan. „Sie haben mich getestet. Und dann von der Krankheit erzählt, von Ihren Vorbereitungen auf den Tod und gleichzeitig von der Traurigkeit und der Angst ... und sonst noch was?"

„Davon reden wir beim nächsten Mal. Für heute kann ich Ihnen nur noch sagen, dass ich mich gegen die Operation entschieden habe. Ich will einfach nur noch so lange leben, wie ich lebe. Und wenn Ende ist, ist Ende."

Als Daniel zwei Tage später wieder die Tür von Zimmer 507 öffnete, war der Mann alleine im Raum. Daniel hatte sich gefragt, was er wohl heute hören würde, und war gespannt. Fast schien es, als hätte der Alte es so arrangiert, dass die anderen beiden Männer nicht im Zimmer sein würden.

„Herr Pfarrer Steeger, der Fahrer im Auto, der das Kind nicht sehen konnte: Das war ich." Wieder liefen ihm ein paar Tränen über die Wangen.

„Ich suche Vergebung, bevor ich an dieser Krankheit sterben muss, verstehen Sie?"

„Sie suchen Vergebung? Das Kind ist zwischen den Fahrzeugen gelaufen und plötzlich auf der Straße aufgetaucht, sodass Sie es nicht sehen konnten. Es tut mir sehr leid, dass Sie das erleben und all die Jahre damit umgehen mussten."

Der Mann schwieg eine Zeit lang. „Vielleicht bin ich etwas zu schnell gefahren. Es wurde natürlich untersucht damals, und man hat keine Schuld bei mir gefunden. Und trotzdem. Wenn ich langsamer gefahren wäre, hätte ich vielleicht eher bremsen können. Vielleicht würde das Kind noch leben ..."

Daniel schluckte. Das war es also, was sich hinter „sonst noch was" versteckt hatte. Er hatte noch nicht erlebt, dass jemand bei ihm beichtete. Dem Mann beruhigend seine Fragen und Gefühle wegzureden, war keine Lösung. Hatte er nicht vor 14 Tagen behauptet, Daniel sei gekommen, um Trost zu geben. Wie konnte jetzt der Trost aussehen?

„Sie haben gesagt, Sie suchen Vergebung. Möchten Sie, dass wir miteinander ein Gebet sprechen, dass ich Ihnen im Namen Gottes Vergebung zuspreche und Sie segne?"

„Würden Sie das tun, Herr Steeger?"

Daniel holte aus seiner Manteltasche eine kleine Kerze und ein Feuerzeug. Dann lud er den Alten zu einem Gebet ein und sagte einige Sätze aus dem 139. Psalm.

„Gott, du erforschst mich und kennst mich. Ich sitze oder stehe auf, so weißt du es; du verstehst meine Gedanken von ferne. Ich gehe oder liege, so bist du um mich und siehst alle meine Wege. Von allen Seiten umgibst du mich und hältst deine Hand über mir. Wohin soll ich gehen

vor deinem Geist, und wohin soll ich fliehen vor deinem Angesicht? Führe ich gen Himmel, so bist du da; bettete ich mich bei den Toten, siehe, so bist du auch da. Nähme ich Flügel der Morgenröte und bliebe am äußersten Meer, so würde auch dort deine Hand mich führen und deine Rechte mich halten.

Erforsche mich, Gott, und erkenne mein Herz. Prüfe mich und erkenne, wie ich's meine. Leite mich auf ewigem Wege. Amen."

Der Mann erzählte ihm noch einmal von dem Unfall, von den Verhandlungen und seinem Schmerz in all den Jahren.

„Glauben Sie, dass die Vergebung, die ich Ihnen zuspreche, Gottes Vergebung ist, dann antworten Sie: Ja", sagte Daniel und schaute den Alten an, der sofort mit seinem „Ja" antwortete.

„Im Namen Gottes ist Ihnen die Schuld, die Sie belastet, vergeben. Die Last der Vergangenheit ist abgetan. Gott setzt heute Ihrem Leben, solange es hier besteht, einen neuen Anfang! Amen."

Daniel blies die Kerze aus, drückte die Hand des Mannes, der ihn dankbar ansah, und schaute sich noch einmal um, als er bereits in der Tür stand. Beide blickten sich für ein paar Sekunden an.

Als Daniel zwei Wochen später wieder in die Klinik kam und das Zimmer mit der 507 ansteuerte, war das Bett an der Tür leer. Er suchte auf der Station nach einer Pflegekraft, die ihm Auskunft geben konnte.

„Herr Bruder ist vorgestern gestorben", erfuhr Daniel vom Pfleger. „Kommen Sie bitte mit mir; Herr Bruder hat etwas für Sie hiergelassen."

Daniel folgte ins Stationszimmer, wo ihm der Pfleger ein Buch in einer Einkaufstüte überreichte.

„Das hat Frau Bruder im Auftrag ihres Mannes mitgebracht, damit Sie es bekommen. Er hat wohl gespürt, dass es zu Ende geht."

Zu Hause nahm Daniel das Buch aus der Tragetasche. Es war eine in Leder gebundene Geschichte der Kirche, dieser Kirche, über die der Alte so sehr geschimpft hatte.

Der Einsiedler

Zitat: *Die Kapelle zum Heiligen Kreuz wurde 1872 erbaut an der Stelle eines Vorgängerbaus, der von einem Eremiten bewohnt war. Sie ist nicht zu besichtigen, da sie sich in Privateigentum befindet. Allein am 14. September, am Tag des Heiligen Kreuzes, wird sie geöffnet.* Zitatende.

Ich versuchte es zunächst über den *Montée de Sainte-Croix*, was mir mit Blick auf den Ortsplan der einfachste Weg zu sein schien. Eine Kapelle in Privateigentum!, ging es mir durch den Kopf, kaum zu glauben. Ein religiöses Gebäude, zu dem der Öffentlichkeit der Zugang versperrt ist – unfassbar!

Was kaum zu glauben und unfassbar war, wurde mir sehr bald zur Erfahrung. Kaum hatte ich beim Aufstieg eine Kurve erreicht, stand ich auch schon vor einem grünen Metalltor, dass sich nur im Besitz einer *Code-Card* öffnen und schließen lässt. Die Kameraüberwachung deutete darauf hin, dass hier der Bereich der geschlossenen Gesellschaft beginnt. Eine *Housing Area* im Süden Frankreichs, damit hatte ich nicht gerechnet. Ein ganzes Stadtviertel am Hang mit Blick aufs Meer, das der Allgemeinheit nicht zugänglich ist.

„*Terrain privée*" stand schon fast überflüssig auf einem runden Schild mit roter Umrandung, das mittig auf dem großen Tor angebracht war. Etwas verblüfft und ziemlich verschwitzt trat ich den Rückzug an und ging den Aufstieg zum Heiligen Kreuz wieder hinunter. Sollte ich nun im Apartment Badetuch, Schwimmbrille und Flossen einpacken, um den Rest des Tages am Strand zu verbringen? Der Ortsplan zeigte einen weiteren Zugang zur Kapelle über die *Avenue Y. Bourdes*. Nach ein paar hundert Metern müsste eine Unterführung kommen und ein Stück weiter die Abzweigung auf den *Montée de la Chapelle*, der in Serpentinen hinauf zur Kapelle führt. Einen Versuch wäre es sicher wert, und die Hoffnung stirbt ja bekanntlich zuletzt.

Nach etwa 300 Metern erhielt die Hoffnung aktive Sterbehilfe in Gestalt eines weiteren grünen Metalltores, das auch hier, direkt hinter der Abzweigung, den Weg zur *Chapelle* robust versperrte. Sollte das Kapital sich tatsächlich den kompletten Hang angeeignet haben? Empörung breitete sich in mir aus. Die Reichen und Schönen haben sich hinter Kamera-überwachten Toren verschanzt und pflegen ihr *Propriété privée*, gehen ihren *Affaires personelles* nach, verlassen das Gelände nur mit einem *Véhicule particulier*, schauen natürlich nur *Télévision privée* und gewähren vielleicht gelegentlich eine *Audiance particulière*. Während ich noch über diese ganze Privatisierung nachdachte, hatte ich bereits in einer persönlichen *Initiative privée* das Tor überwunden und war einige Meter auf dem Weg gegangen.

Überraschend war, dass niemand, der mir hier begegnete, sich an meiner Anwesenheit im Sperrgebiet störte. Wozu das große Tor, wozu die Kameras und die rot umrandeten Schilder?

14 Kurven zeigte der Plan, den ich in der Hand hielt. Mit der vorletzten Biegung ließ ich die Wohnhäuser hinter mir und trat in eine felsige und zugleich mit Bäumen bewachsene Landschaft ein, die weiter aufwärts führte. Dass Bäume auf solch felsigem Grund wachsen? Manches schien an diesem Ort, als passte es nicht wirklich zusammen.

Ich hätte unbedingt eine Wasserflasche mitnehmen sollen. So nachlässig war ich gewöhnlich nicht. Gerade hatte ich mit meiner Zunge zu tun, die irgendwie eine unheilvolle Einheit mit dem Gaumen bildete, da zeigte sich zwischen massiven Felsblöcken und Schatten spendenden Bäumen die Kapelle. Ein durchaus ansehnlicher Bau in beeindruckendem Erhaltungszustand. Offensichtlich ließ sich die feine Gesellschaft hier oben ihre Kapelle etwas kosten. Erwartungsgemäß war die Tür verschlossen. Ein wenig enttäuscht umrundete ich das Gebäude einige Male, versuchte, durch die spärlichen Festeröffnungen einen Blick ins Innere zu bekommen.

Waren da nicht eben Geräusche? Erst zaghaft, dann etwas lauter klopfte ich an die Tür. Drinnen hörte ich Schritte. Die Holztür öffnete sich und vor mir stand aufrecht ein alter Mann in heller Leinenhose und hellem Leinenhemd. So hob er sich vom Dunkel des hinter ihm liegenden Kapellenraumes ab und schaute mit neugierigen dunklen Augen fragend auf mich herab.

„*Excusez-moi.* Ich wollte Sie nicht stören. Es ist mir ja bekannt, dass die Kapelle bis auf einen Tag im Jahr verschlossen ist und außerdem hier niemand anzutreffen ist."

„Wer behauptet, dass hier niemand anzutreffen ist?", gab er mit einem Lächeln zurück. „Bis auf einen Tag im Jahr bin ich immer hier. Ich habe gar keinen anderen Ort, an dem ich sein könnte. Und das seit fast dreißig Jahren."

„Na ja, im Internet habe ich gelesen, dass diese Kapelle 1872 gebaut wurde und vorher an ihrer Stelle eine kleine Kapelle stand, in der ein Eremit lebte, was aber im Nachfolgebau nie mehr der Fall gewesen sei."

„Ja, das Internet", meinte er nachdenklich und ließ dabei eine afrikanische Kette durch die Finger gleiten, „da wird sicher so manches reingeschrieben. Was diese Kapelle betrifft", setzte er fort, „wollen die Leute, die hier in dieser Gegend leben, nicht, dass dauernd irgendwelche Touristen die Ruhe stören. Mir ist es auch ganz recht, denn ich habe inzwischen längst diese Abgeschiedenheit lieben gelernt. Aber die Wahrheit ist, dass zu allen Zeiten hier in der Kapelle Eremiten gelebt haben. Einer nach dem anderen. In den 150 Jahren, die sie nun hier steht, bin ich wohl so etwa der Sechste. Willst du etwas Wasser trinken? Du siehst angestrengt aus."

Er holte einen Krug mit zwei Bechern heraus, dazu etwas Weißbrot und ein paar Trauben, und wir setzten uns unter einen Baum – *merci beaucoup*!

„Habe ich das richtig verstanden: Sie sind jeden Tag des Jahres hier und ausgerechnet am 14. September, dem Tag des Heiligen Kreuzes, verlassen Sie die Kapelle?"

„Klingt verrückt. Ich weiß. Aber so ist es. Die Leute hier wollen das so. Die Kapelle ist Privateigentum, wie das ganze Gebiet hier am Hang."

„Aber warum soll man Sie nicht sehen, wenn am 14.September doch alles geöffnet wird?"

„Wahrscheinlich, weil im Internet steht, dass die neue Kapelle seit 150 Jahren unbewohnt ist", gab er belustigt zur Antwort.

„*Parlezvous sérieusement?*", entfuhr es mir. Vielleicht etwas respektlos, aber er wirkte vom ersten Augenblick an so vertraut.

„Nein", lachte er, „das ist nicht mein Ernst. Letztlich will ich es selbst so. Ich könnte ja am Tag des Heiligen Kreuzes so etwas wie eine kleine Attraktion sein, aber das liegt mir nicht. Und einem Eremiten steht es schon gar nicht gut zu Gesicht."

So offen wie mir der Eremit begegnete, traute ich mich etwas weiter vor, wollte aber auch darauf achten, dass aus unserem Gespräch kein Interview würde, was mir als Journalist leicht hätte passieren können.

„Sagen Sie, darf ich Sie etwas fragen? Ich möchte nicht aufdringlich erscheinen. Sie müssen wissen: ich bin Redakteur bei einer Zeitung. Da kann es leicht vorkommen, dass man anfängt zu interviewen. Berufskrankheit. Und vielleicht wollen Sie als jemand, der sehr zurückgezogen lebt, gar nicht reden mit jemandem, der von Berufs wegen die Öffentlichkeit braucht."

Seine Reaktion überraschte mich erneut.

„*Pas de Problème!* Es soll mal jemand gesagt haben, das Interview sei eine Form des öffentlichen Denkens. Wenn das so ist, beteilige ich mich gern am Denken, bevor ich mich wieder zurückziehe."

„Sehr gut", bedankte ich mich. „Ich frage, weil ich das nicht zusammenkriege in meinem Kopf. Sie als Einsiedler, als einer, der der Weisheit auf der Spur ist, der spirituell orientiert ist und aus geistlichen Motiven ein gottgeweihtes Leben führen will, Sie bewohnen eine Kapelle im Privatbesitz eines reichen Mannes auf einem riesigen Berghang im Privatbesitz reicher, ja steinreicher Leute. Wie passt das zusammen?"

„Muss immer alles zusammengehen? Es sind vielleicht nur unterschiedliche Realitäten, wie es sie überall gibt, auf jedem Kontinent, in jedem Land, in jeder Stadt, in jeder Familie, in jeder Person. Übrigens ist die Kapelle im Besitz einer reichen Frau. Und du hast natürlich sofort an einen Mann gedacht. Alles Bilder im Kopf."

„Eine Frau also; *pardon*. Sie sind aber hier auf relativ engem Raum, begrenzt durch Metalltore und abweisende Schilder, aufgestellt von Leuten, die es sich leisten können, andere fernzuhalten."

„Das ganze Leben stößt immer wieder an Grenzen. Aber hier in der Kapelle gibt es keine Grenzen, wenn ich meditiere, wenn ich nachdenke, wenn ich schreibe."

„Und was ist mit den Leuten hier ganz in deiner Nähe? Wie denkst du über ihren Lebensstil?"

Im Eifer war ich nun auch zum Du übergegangen und wartete seine Antwort ab. Ich hatte im Verlauf des Gesprächs bemerkt, dass er nicht sofort reagierte, sondern erst ein wenig nachdachte. Dabei richtete er den Blick auf irgendetwas, sodass man den Eindruck hätte bekommen können, man müsse ihn an seine eigene Anwesenheit erinnern und auffordern, bei der Sache zu bleiben. Dabei hatte ich weder vor diesem Tag noch danach kaum einen Menschen getroffen, der so sehr bei der Sache war. Ich musste an die ungeliebten Redaktionssitzungen denken, in denen der Eremit sicher nie zu Wort gekommen wäre. Wie gern hätte ich bei manchem Thema einen Augenblick nachgedacht vor dem Reden, aber dazu gab es keine Gelegenheit. Alles musste schnell gehen; am besten schneller als beim Konkurrenzblatt. Nicht zu tief einsteigen, besser an der Oberfläche bleiben. Oberflächlich waren dann auch stets die Ergebnisse. Aber im Zuge einer Entwicklung, in der die Skandalisierung die Auflage steigert und nicht das differenzierte Denken, haben die Diskurse dem Pragmatismus das Feld überlassen müssen.

„Die Leute, die hier am Hang leben", hörte ich ihn in meine Gedanken hinein sagen, „sind auch eine Realität. Beurteilen muss ich sie nicht. Außerdem haben sie tolle Kinder."

„Tolle Kinder?"

„Die besuchen mich oft und wir spielen oder unterhalten uns. Manchmal bringen sie Hausaufgaben mit, die wir gemeinsam erledigen, oder Fragen, für die wir nach vorläufigen Lösungen suchen."

„Und sie stören dich nicht in deiner Ruhe, diese Kinder?"

„Kaum. Sie wissen ja: wenn die Tür verschlossen ist, bin ich in der Stille. Und manchmal ist die Tür viele Tage lang verschlossen."

Nach einer Pause setzte er wieder ein: „Sag' mal, ich habe auch eine Frage. Mir scheint, du hast bestimmte Annahmen über das Dasein eines Eremiten. Aber wo steht, dass Eremiten ganz so leben wie du es dir vorstellst, absolute Zurückgezogenheit, gottgeweihtes Leben, geistliche Motive?"

„Im Internet steht das, vermute ich."

Jetzt musste er laut lachen. „Ja, das Internet ... Weißt du, ich halte es mit dem Heiligen Franz, dem aus Assisi. Der hat das eremitische Dasein zu bestimmten und sehr intensiven Zeiten verbunden mit dem ebenso intensiven Wirken in der Gemeinschaft. Für mich ist es die Gemeinschaft mit diesen Kindern."

„Darf ich dich fragen, wovon du eigentlich lebst?" Diese Frage beschäftigte mich schon eine ganze Weile während unseres Gesprächs, und diesmal musste er nicht lange über eine Antwort nachdenken.

„Ich lebe von den Leuten hier im Gebiet. Jeden Tag finde ich einen Korb vor der Tür, der gefüllt ist mit allerlei Dingen zur ausgewogenen Ernährung. Ich denke, sie haben sich abgesprochen, sodass täglich jemand etwas hier heraufbringt. Oft stecken sie auch eine Zeitung dazu."

„Das klingt sehr praktisch. Und doch passt für mich vieles nicht zusammen. Reiche Leute, die unter ihresgleichen sein wollen und sich abriegeln mit einem Eremiten in der Kapelle auf dem Gipfel. Erfolgsmaxime und Leistungsdiktat und ein Eremit, der aus dem Korb lebt und mit seinem gegensätzlichen Lebensstil auf ihre Kinder abfärben könnte. Herabschauen auf die da unten im Stadtzentrum und jemanden wie dich hier oben – entschuldige – durchfüttern, um sich vielleicht am Ende das Gewissen damit zu beruhigen. Eine Kapelle in Privatbesitz nehmen und doch mit Religion gar nichts am Hut haben. *Je ne comprend pas!*"

„Du weißt ganz viel über die Leute hier am Hang und hast doch bis jetzt nur mich getroffen. Aber manche sagen ja, dass Wirklichkeit in erster Linie Konstruktion sei. Ich weiß nicht, ob das stimmt. Für das Leben am Hang hier ist das sicher zutreffend. Und für dich, so scheint mir, stimmt es auch. Nun sollten wir aber hineingehen, wo ein Glas Wein auf uns wartet."

Wieder so ein Augenblick, in dem er mir vorkam wie einer dieser Wüstenväter, die eine Lebensstufe erreicht haben, in der dogmatische Sätze und Prinzipien hinter ihnen liegen, wo nicht mehr um das Entweder-oder gekämpft wird, sondern stattdessen das Sowohl-als-auch die Seele beruhigt.

Gerne folgte ich ihm in die Kapelle. Ich war ganz gespannt, wie es wohl drinnen aussehen würde. Zuerst musste ich mich an das veränderte Licht gewöhnen. Es dauerte einen Moment, bis sich meine Augen umgestellt hatten vom Sonnenlicht auf die Beleuchtung einer Kerze. Während der Eremit die Tonbecher aus dem Krug füllte, konnte ich mich umschauen. Am Tisch, der mitten im Kapellenraum stand, sah ich zwei Holzbänke. Auf dem Tisch die Kerze, einige Bücher, Krug und Becher. Es wirkte, als sei der Altar, der früher einmal an der Wand mit der großen Malerei seinen Platz hatte, ins Zentrum gerückt. Ich stellte mir vor, wie weitere Bänke um den Tisch gruppiert werden könnten, um einer Gemeinde einen kommunikativen Raum zu bieten, anders als in vielen Kirchen, wo die Leute starr hintereinander sitzen und nur Rücken sehen. An den Wänden waren Regale mit unzähligen Büchern aufgebaut. Dazwischen stand ein einfaches Holzgestell, das wohl als Bett diente. Was früher vielleicht einmal die Sakristei war, schien nun Bad und Kleiderkammer zu sein. Ein Ofen komplettierte die Ausstattung.

„Was ist auf der Malerei zu sehen?", fragte ich ihn. „Wahrscheinlich eine Geschichte von Gott oder Jesus, aber ich bin nicht so bibelfest."

„Ja, das ist eine interessante Sache", entgegnete er. „Stammt tatsächlich aus der Bibel, aber die Geschichte ist gar nicht so bekannt. Ich frage mich immer wieder einmal, warum man gerade dieses Motiv gewählt hat."

„Ich erkenne Hütten, die aussehen, als wären sie aus Zweigen gebaut. Und eine Menge Leute in Feierlaune, Frauen und Männer, Junge und Alte, Leute in kostbaren Kleidern und welche, die irgendwie ärmlich aussehen."

„Genau", bestätigte der Eremit. „Es geht um ein Fest, das Jüdinnen und Juden seit der Anordnung Gottes (Lev.23 / Dtn.16 / Neh.8) bis auf den heutigen Tag feiern. Sieben Tage lang im September oder Oktober nach dem Einbringen der Ernte. Es ist das Laubhüttenfest, bei dem alle eine Woche lang in einer selbst gebauten Hütte aus Laub wohnen sollen. Die Hütten spiegeln das Unvorhersehbare und Unverfügbare im Leben und sollen symbolisch zeigen, dass es letztlich keine Sicherheiten gibt. Und zugleich soll die Freude über die Ernte zum Ausdruck kommen, an der ausdrücklich auch die Bediensteten, die Fremden im Land, die Notleidenden und Benachteiligten teilhaben sollen. ‚Feiere den Augenblick in Gleichheit, Freiheit und Geschwisterlichkeit. Und sei zugleich gewiss, dass der nächste Tag schon wieder ganz anders aussehen kann. So könnte man wohl sagen."

„Letztlich keine Sicherheiten ...", murmelte ich vor mich hin.

„Besonders schön herausgearbeitet finde ich die vier Arten von Zweigen", hörte ich ihn sagen, „die die Feiernden sammeln und in Bündeln halten sollen. Sie stehen für die verschiedenen Charaktere und Menschentypen, die in einem Bündel zusammenkommen, sich ergänzen in ihren Stärken und ausgleichen in ihren Schwächen. Sag mal, bist du eigentlich zufrieden? Auf mich wirkst du unruhig."

Seine übergangslose, unvermittelte, direkte Frage traf mich. Was sollte ich sagen? Wollte ich überhaupt etwas dazu sagen? Oder einfach aufstehen und wortlos die Kapelle verlassen?

„Eigentlich nicht", hörte ich mich sagen. „Im Grunde kann ich nicht klagen. Es ist eher Jammern auf hohem Niveau. Du verstehst? Aber seit Langem frage ich mich, ob ich nicht noch mal etwas anderes machen sollte, als jeden Tag in die Redaktion zu laufen, Berichte über belanglose Veranstaltungen zu verfassen, die die Leser von den wirklich wichtigen Fragen ablenken. Und ich denke, dass ich einfach mit den Veränderungen dieser Zeit nicht klarkomme. Eigentlich ist es ja in jedem Job so, dass die Dinge nicht mehr laufen wie früher. Mein Gott, jetzt rede ich schon wie mein Vater, der immer von ‚früher' schwätzt. Aber es geht ja nicht einfach nur um die Frage von Veränderung oder Überlieferung. Ich merke, dass Haltungen und Deutungen betroffen sind. Wie verstehe ich das, was um mich herum geschieht? Wie gestalte ich mein Leben und woran orientiere ich mich? Wie gehe ich meine Arbeit an? Wie verhalte ich mich zu meinen Kolleginnen und Kollegen, die oft so ganz anders ticken? Weißt du, als ich damals angefangen habe, gab es einen Auftrag. Und dann wurde recherchiert und nachgeforscht, es wurden Fakten gesammelt und es wurde je nach Entwicklung immer wieder neu über die zur Debatte stehende Sache berichtet. Heute gehe ich in die Fußgängerzone, frage ein paar Leute nach ihrer Meinung und ihrem Gefühl, und dann befindet sich meine Reportage in der Öffentlichkeit wie eine Eintagsfliege, deren Flügelschlag nichts bewegt und deren Surren im Lärm aller Erregung untergeht. Damals reizte mich die Redaktion als Ort, wo politisch debattiert wurde. Jetzt ist sie Koordinationszentrum für das Aufmerksamkeitsmanagement. Ich wünschte mir, dass die Zeitungs- und Medienarbeit neben der korrupten Politik und Wirtschaft ein seriöses Feld sein könnte, und stelle fest, dass sie nach den gleichen Regeln funktioniert, weil eben jede Zeitung auch nur ein Wirtschaftsunternehmen ist. Ach, ich denke zu viel und rede zu viel."

Der Eremit hatte meinem Monolog zugehört und seine Kette durch die Finger gleiten lassen.

„Manchmal bringt das Denken nicht weiter, und das Reden dreht sich im Kreis. Ich werde nicht mehr lange hier sein. Du könntest meine Stelle einnehmen."

Schon wieder so ein unvermittelter Satz, der mein Gedankenkarussell unterbrach.

„Wie? An deine Stelle? Was meinst du?", stotterte ich.

„Wenn du wolltest wie du könntest, dann könntest du hier in die Kapelle kommen und als Eremit hier am Hang leben."

„Wie stellst du dir das vor!?", rief ich entsetzt. „Ich kann doch nicht einfach alles hinter mir lassen, auf einmal von der Bildfläche verschwinden und hier oben aus einem Korb leben, der täglich vor die Tür gestellt wird! Außerdem tauge ich nicht zu einem gottgeweihten Leben. Ich bin ja nicht einmal besonders religiös."

„Du mit deinem ‚gottgeweihten Leben'", entgegnete er. „Was soll das eigentlich sein? Und wie religiös muss man deiner Meinung nach sein, um hier in der Kapelle zu lesen und zu schreiben und mit den Kindern nach vorläufigen Antworten auf wichtige Fragen zu suchen?"

„Das klingt so einfach. Aber ich habe schließlich Verpflichtungen. Selbst wenn ich es mir vorstellen könnte, müsste ich einer ganzen Reihe von Leuten Bescheid sagen. Meiner Familie, meine Kolleginnen und Kollegen und meine Freunde müsste ich auch informieren. Und außerdem müsste ich regeln, wie das mit der Rentenkasse und den Versicherungen laufen würde. Ich müsste mich beraten lassen, um meine Ersparnisse anzulegen. Hier in dieser Kapelle mit Tisch, Bank und Bett sieht es nicht so aus, als könnte man viel Geld ausgeben. Für meine Wohnung müsste ich jemanden finden, und wie funktioniert das eigentlich mit der Krankenkasse hier in Sainte-Croix?"

„Du hast bestimmt schon mal den Satz gehört: Niemand, der seine Hand an den Pflug legt und zurückblickt, ist tauglich für Gottes neue Zeit." (Lk.9,62)

„Jetzt komm' mir noch mit großen Theorien. Man wird ja noch mal eine Nacht drüber schlafen dürfen ..."

Er schien nicht enttäuscht.

„Schlaf' von mir aus drüber, so lang du willst", meinte er nur. Und dann gab er mir zum Abschied ein paar Notizhefte, die mich an meine Schulzeit erinnerten, weil sie aussahen wie die Hefte, in die wir Vokabeln eintragen mussten, so DIN A6 mit Linien und Spalten.

„Nimm diese kleinen Hefte mit, lies darin, wenn du willst, und bring sie in den nächsten Tagen wieder hierher zurück. Und jetzt geh in Frieden."

Mit diesen Worten verabschiedete er sich von mir.

Zurück im Apartment schlug ich sofort das erste Heft auf und begann zu lesen. Ich erfuhr, wie der Eremit in die Kapelle gekommen war vor etwa 28 Jahren; wie er in den Ferien war und Erholung suchte, wie er zur Kapelle wandern wollte und vor verschlossenen Toren und Türen stand. Wie er widerrechtlich eingedrungen war und bei der Kapelle einen alten Eremiten traf, wie er lange mit ihm redete, bis der Alte ihn schließlich bat, sein Nachfolger zu werden. Wie er einfach blieb, ohne irgendjemanden zu benachrichtigen, einfach von der Bildfläche verschwand ...

Am nächsten Tag ging ich wieder hinauf, die kleinen Hefte in der Tasche. Vor der Eingangstür zur Kapelle stand ein Korb mit Brot und Wein. Die Tür war unverschlossen. Ich trat ein. Vom Eremiten keine Spur. Die Kapelle wirkte, als sei sie seit 150 Jahren unbewohnt. Ich breitete den Inhalt des Korbes auf dem Tisch aus, als zwei Kinder kamen und mich auf eine Weise begrüßten, als hätten sie niemand anderen als mich hier erwartet.

Die Wohnung

Seit einiger Zeit musste ich öfter nachts mal raus. Wenn man in ein gewisses Alter kommt, ist das nicht ungewöhnlich, meinte der Arzt. Nicht regelmäßig, nein. Noch nicht. Nicht oft genug, um daran zu denken, irgendeins dieser Präparate einzunehmen, aber oft genug, um daran zu denken, dass es irgendwann soweit sein wird. Das Aufwachen durch Harndrang ist unangenehm, weil anschließend das Einschlafen so mühsam ist. Manchmal gelingt es gar nicht, und man kann sich glücklich schätzen, wenn die Zeit bis zum Klingeln des Weckers ohnehin absehbar kurz ist.

Als ich mich neulich erleichtert hatte und den Rückweg zum Schlafzimmer mit vorsichtigen Schritten ertastete, meinte ich, aus einem der Zimmer, deren Türen nachts sämtlich angelehnt waren, ein Wimmern zu hören. Da, noch einmal. Das Geräusch musste aus dem Raum kommen, den ich als Arbeitszimmer nutzte. Ich schlich auf dem Flur entlang. Das Geräusch wurde deutlicher. Vorsichtig näherte ich mich der Tür. Durch den Spalt konnte ich einen runden Tisch sehen, auf dem eine Kerze brannte. Im Hintergrund ein Regal mit Geschirr. Am Tisch saß eine junge Frau, die Beine an den Körper gezogen, sodass sich die Füße auf der Sitzfläche abstützten. Sie weinte, und ich blieb diskret an der Tür stehen, wo sie mich nicht sofort bemerken konnte. Ich gehöre nicht zu den Menschen, die sogleich auf eine weinende Person zugehen und hilfreich ein Taschentuch hinhalten. Ich möchte demjenigen, der weint, nicht durch schnelles Einschreiten den Eindruck vermitteln, es sei unschicklich und die Situation obendrein peinlich. Außerdem hatte sie bereits einige Taschentücher in Gebrauch.

Die Frau stand auf und holte aus einer Ecke, die ich nicht einsehen konnte, ein Telefon. Sie ließ sich wieder auf dem Stuhl nieder und zog mit einem Fuß einen anderen Stuhl näher heran, um die Beine darauf ablegen zu können. Sie tippte eine Nummer und der Apparat ließ in regelmäßigen Abständen das Freizeichen hören. Wen wollte sie erreichen mitten in der Nacht?

„Ja, hallo, hier ist Andrea", hörte ich ihre verweinte Stimme. „Entschuldige, Melanie, dass ich dich aus dem Schlaf klingele ... Ich muss unbedingt mit jemandem reden ... Lars ist ausgezogen ..."

Wieder heftiges Schluchzen.

„Ich weiß auch nicht ... Er ist aus dem Büro gekommen und war so anders ... Nein, es war eigentlich alles in Ordnung die letzten Wochen ... Nein, wir hatten uns wieder vertragen ... Ich weiß nicht, aber wahrscheinlich steckt wieder eine andere dahinter ... Nein, er hat nichts dazu gesagt ... Er hat ein paar Sachen zusammengepackt und gemeint, dass wir in den nächsten Tagen drüber reden können ... In den nächsten Tagen ... Was sagst du? Ja, ein Riesen-Arschloch ..."

Das Weinen der Frau, die ich nun als Andrea kannte, nahm kurz einen wütenden Klang an.

Was war das für ein Raum in der Wohnung? Eindeutig mein Arbeitszimmer, aber ich konnte den Schreibtisch und die an den Wänden entlanglaufenden Bücherregale nicht ausmachen. Das Zimmer lag direkt neben der Küche. Beide Räume waren durch eine Tür miteinander verbunden, durch die man aber nicht mehr gehen konnte, weil Jitka von der Küche her einen Schrank vor die Tür gestellt hatte und ich, einige Jahre später, als ich zu Jitka in die Wohnung zog, auf der anderen Seite ein Regal.

„Aber was soll ich denn jetzt machen?", hörte ich Andreas verzweifelte Stimme. „Ich kann mich nicht beruhigen ... Mein Gott, wir wohnen doch erst seit knapp zwei Jahren hier in der Wohnung ... Lars hat sich doch auch so wohl hier gefühlt ...

Als Jitka nach ein paar Tagen zurückkam (sie war zu einer Freundin im Ausland gefahren, weil deren Mann plötzlich verstorben war), berichtete ich ihr von der nächtlichen Episode. Sie schaute mich zweifelnd an, und ich las in ihrem Gesicht, dass sie die Schilderung meiner übergroßen Fantasie zuschrieb.

„Sicherlich hast du das alles nur geträumt", wiegelte sie ab, aber ich bestand darauf, dass es sich genau so zugetragen hatte.

„Du glaubst also, dass es hier in dieser Wohnung spukt?"

„Aber überleg doch mal“, insistierte ich, „wer hat denn damals vor euch in dieser Wohnung gelebt? Für knapp zwei Jahre? Was weißt du darüber?“

Jitka dachte nach, unwillig, wie ich feststellen musste. Irgendwie störte sie die ganze Angelegenheit. Kein Wunder; denn wahrscheinlich war sie noch ganz in Gedanken bei ihrer Freundin und den Erlebnissen der letzten Tage. Ich hatte noch nicht einmal nach der Beerdigung gefragt, wie mir jetzt auffiel.

„Da kann man nicht mal eine Woche wegfahren, ohne dass du in der Wohnung die Geister früherer Mieter aufleben lässt“, sagte sie mit etwas Ärger in der Stimme. „Also gut, wer hat hier vor uns gewohnt? Als wir am Umzugstag ankamen, habe ich nur noch kurz eine jüngere Frau gesehen, die noch etwas aus der Wohnung geholt hat. Sie hat nur kurz im Treppenhaus gegrüßt und sich schnell verabschiedet. Warte mal, ich erinnere mich noch an eine Irritation, weil sie uns mehr Glück gewünscht hat, als sie selbst es in der Wohnung gehabt hätte. Und die Vermieterin, die dabeistand, hat abgewunken und gesagt, dass die jungen Leute nur relativ kurz hier gewohnt hätten, und dann sei er ausgezogen und sie hätte danach die Wohnung gekündigt.“

„Siehst du!“, rief ich triumphierend. „Das ist der Beweis für meine nächtliche Beobachtung. Ich kann mir das gar nicht ausgedacht haben. Ich wusste ja nichts von dieser Mieterin.“

Und dann erinnerte sich Jitka noch einmal daran, dass wohl andere Mieter den kleinen Raum neben der Küche als Esszimmer genutzt hatten, was ja wohl durch die Verbindungstür ganz praktisch gewesen sei. Wir ließen die Sache auf sich beruhen.

Einige Wochen später hörte ich in der Küche beim Geschirrspülen einen Schlüssel im Schloss der Wohnungstür. Jitka konnte es nicht sein; sie war zu einer Tagung gefahren und hatte am Morgen noch aus Luzern angerufen. Ich hörte das aufgeregte Tuscheln zweier Männer, die ich nun überhaupt nicht einordnen konnte. Da gingen sie auch schon an der Küchentür vorbei ins Wohnzimmer, ohne mich zu beachten. Es schien, als bemerkten sie mich gar nicht. Nebenan hörte ich, wie einer der beiden einen Gegenstand aus der großen Tasche hervorholte, und aus den Worten des anderen konnte ich schließen, dass es sich um etwas von hohem Wert handeln musste.

„Pass auf! Nicht so hektisch! Da darf nichts drankommen, Mensch!"

„Reg dich nicht auf, Mann. Da kommt schon nichts dran. Glaubst du, ich bin verrückt und will in der Kühlkammer landen. Was denkst du, was Stevo mit uns macht, wenn so ein Bild eine Macke kriegt."

Es ging also offensichtlich um ein Kunstwerk. Und wer war Stevo? Und warum klang das alles so mysteriös?

„Jetzt zeig doch mal, welches der drei Bilder sie uns mitgegeben haben", drängelte der eine.

„Guck mal, es sind die Nebelschwaden. Sieht ziemlich düster aus. Würde ich mir nicht an die Wand hängen."

„Würde auch nicht hier in deine Wohnung passen", frotzelte der Ungeduldige. „Vielleicht hier an die Fototapete mit der untergehenden Sonne und den Palmen", lästerte er weiter.

„Ach, Josef, halt's Maul", ließ sich jetzt der andere genervt vernehmen. „Es ist gleich neun Uhr. Lass uns mal im Radio hören, ob sie schon was bringen."

Während der Typ namens Josef noch weiternörgelte, schaltete der andere, der offensichtlich hier vor untergehender Sonne und Palmen zu Hause war, das Gerät ein. Längst war mir wieder die nächtliche Episode mit Andrea in den Sinn gekommen. Was war das jetzt wieder für eine Geschichte? Und dann konnte ich gleich die erste Meldung der Nachrichtensprecherin mithören, die zuvor Ihre Sendung mit – „Es ist 9 Uhr. Sie hören die Nachrichten" – begonnen hatte:

„Zu einem spektakulären Raub ist es in der vergangenen Nacht in der Kunsthalle Schirn in Frankfurt gekommen. Wie die Polizei in einer ersten Stellungnahme mitteilte, haben sich mehrere Täter am Abend im Museum einschließen lassen, überwältigten den Wachmann und raubten drei Ölgemälde berühmter Maler der Romantik aus der gerade laufenden Ausstellung ‚Goethe und die Kunst'. Auf nähere Angaben wurde bislang verzichtet, um die Ermittlungen nicht zu gefährden. – US-Verteidigungsminister Perry hat mit Interventionen gedroht, weil die Angriffe serbischer Heckenschützen in Bosnien zugenommen hätten und auch Blauhelmsoldaten von Attacken der Angreifer betroffen gewesen seien ..."

„Du kannst abschalten, Hartmut, da kommt nichts mehr“, hörte ich Josefs Stimme mit wienerischem Akzent.

„Die wissen gar nichts“, antwortete Hartmut zufrieden und drehte den Lautstärkenregler runter, so dass der Nummer-eins-Hit *I swear* bald nur noch leise vom Wohnzimmer zu mir in die Küche drang.

„Was machen wir jetzt mit den Nebelschwaden von unserem Caspar David?“

„Was weiß ich. Stevo hat gesagt, wir sollen sie erst mal verschwinden lassen. Genau das machen wir, und wenn die ganze Sache weiter so gut läuft, sitzen wir bald mit einem Haufen Kohle unter Palmen an einem echten Strand mit echtem Sonnenuntergang.“

„Was hältst du davon, wenn wir das Bild erst mal in die Werkstatt am Zoo bringen und dann später nach Wien schaffen?“

„Auf alle Fälle müssen wir in ein paar Tagen mit Stevo Kontakt aufnehmen und weitere Order erfragen.“

„Das kannst du vergessen. Wie ich den Stevo kenne, verschwindet der erst einmal ein paar Wochen von der Bildfläche und checkt erst mal mit Caldovic die Lage, nachdem sie mitgekriegt haben, dass der Zug geklappt hat und der Fang in trockenen Tüchern ist.“

Die Stimmen wurden leiser, und als ich mich vorsichtig dem Wohnzimmer näherte, war von Nebelschwaden und Kunsträubern nichts mehr zu sehen. Dafür wartete ich nun aufgeregt auf Jitkas Rückkehr. Als Kunsthistorikerin müsste sie ausflippen vor Begeisterung, wenn ich ihr berichtete, dass in dieser Wohnung mal ein Caspar David Friedrich auf dem Tisch gelegen hat.

Ihre Begeisterung hielt sich in Grenzen und war vollends skeptischen Blicken gewichen, je mehr ich von dem Ereignis erzählte.

„Du hast also hier in unserem Wohnzimmer die Kunstdiebe vom 28. Juli 1994 gehört“, sagte sie mit gespieltem Verständnis, wie man es macht bei jemandem, der kurz vor der Zwangseinweisung steht.

„Wenn ich es dir doch sage. Es war wie vor einigen Wochen mit diesem Telefongespräch von Andrea und Melanie und diesem ... ach, wie hieß der noch?“

„Das ist doch jetzt egal ..., aber Lars war sein Name.“

„Genau, diesem Lars. Genauso war das jetzt wieder. Ich steh' da so am Spülbecken, und plötzlich kommen die beiden rein und packen das Gemälde aus der Schirn aus."

„Es ist dir schon klar, dass es sich da um den aufsehenerregendsten Kunstdiebstahl der Nachkriegsgeschichte gehandelt hat? Die Bilder sind Jahre später durch einen Deal für Millionen zurückgekauft worden. Die Täter konnten nie verurteilt werden. Und einer dieser Gang soll also hier in dieser Wohnung gelebt haben mit kitschigen Tapeten an den Wänden?"

„Glaub es oder lass es bleiben, Jitka. Ich erzähl dir nur, was sich hier so an Kunsthistorie abspielt, während du am Vierwaldstätter See mit ein paar Kolleginnen und Kollegen über Kunstgeschichte philosophierst."

Wir ließen die Sache auf sich beruhen, bis wir nicht anders konnten, als nach meinem nächsten Bericht ernsthaft über eine ärztliche Diagnostik zu verhandeln. Jitka riet dringend dazu, ich war eher abgeneigt.

Es dauerte zwar Monate bis zum erwähnten Vorfall, aber zu deutlich waren uns Andrea, Lars, Melanie, Josef, Hartmut, Stevo, Caldovic und Liebrucks noch im Gedächtnis.

Ich hatte länger darüber nachgedacht, ob ich Jitka überhaupt von der letzten Episode erzählen sollte.

„Jitka, du kannst mich jetzt für völlig verrückt halten, aber gestern, als du dich um den Garten deiner Mutter gekümmert hast, war ich auf dem Balkon mit dem Geländer beschäftigt, als ich plötzlich drinnen ausgelassene Kinderstimmen hörte. Ich war gerade dabei, das Werkzeug zusammenzuräumen, weil es schon ein bisschen zu dämmern anfing.

Durch die Balkontür konnte ich sehen, wie die Kinder um einen gedeckten Tisch herum Fangen spielten. Auf dem Tisch lag ein geflochtenes Brot, daneben stand ein Flasche Wein und dann noch ein Schälchen mit etwas drin, was ich nicht erkennen konnte. In der Mitte war noch ein Leuchter mit zwei Kerzen aufgestellt.

‚Mirjam, Benny, David, tobt doch nicht so herum', hörte ich eine Frauenstimme und sah dann auch gleich jemanden ins Zimmer hereinkommen. Offensichtlich die Mutter dieser Kinder. ‚Der Ruhetag beginnt gleich, da kann niemand einen solchen Trubel gebrauchen.'

‚Aber Tate ist ja noch gar nicht da', rief das Mädchen fröhlich und kroch unter den Tisch.

‚Ja, euer Vater ist wieder mal spät dran. Er kommt aber sicher jeden Moment. Er wollte noch mal nach den Obdachlosen schauen und ist sicher aufgehalten worden.'

Da fuhr auch schon ein Kleintransporter vor, der Fahrer suchte einen Parkplatz, stieg dann aus, kam auf unser Haus zu, ging hinauf und tauchte Sekunden später neben der Frau am Tisch auf. ‚*Gut Schabbes*', rief er froh in die Runde, aber die Frau schaute ihn missmutig an.

‚Ja, der *Schabbes* hat wirklich schon begonnen. Schau, es ist schon gleich dunkel, und du bist wieder mal zu spät, Janusz.'

‚Ich wurde aufgehalten', sagte der Mann. ‚Weißt du, der Manni – ich habe dir schon von ihm erzählt –, das ist der, dem vor ein paar Wochen seine Frau, die Bille gestorben ist –gesegnet sei ihr Andenken. Der Manni ist ein echter *Schlemiehl.* Jetzt hatte er sich gerade etwas von der heftigen Grippe erholt, da tritt er beim Suchen nach etwas Brauchbarem im Schrott in einen rostigen Nagel. Die Wunde war entzündet. Ich konnte ihn ja nicht einfach so auf seiner Matte vor dem Bahnhof liegen lassen.'

‚Natürlich konntest du das nicht. Es ist aber immer dasselbe. Such dir doch einen anderen Tag aus für deine Runde am Bahnhof. Ich versteh' dich manchmal wirklich nicht.'

‚Jeder versteht die Dinge, wenn es an der Zeit ist', hat der Mann da gesagt. Ziemlich schlagfertig, habe ich gedacht. Die Frau fand es aber nicht so gut.

‚Janusz, du willst die Gebote erfüllen. Das verstehe ich ja. Aber der Sabbat wiegt alle Gebote auf, und wer den Sabbat vorschriftsmäßig hält, hat damit die ganze Tora anerkannt. Du müsstest die heiligen Schriften vielleicht mal wieder etwas mehr studieren.'

‚Ich kenne die Schriften. Aber wenn dich das Studium der Tora von der Wirklichkeit trennt, die zum Beispiel dort am Bahnhof stattfindet, dann hat es keinen Zweck, weiterzustudieren.' Und zu seinen drei Kindern gewandt sagte er noch: ‚Jeder Mensch kommt auf die Welt, um einen kleineren oder größeren Auftrag zu erfüllen. Das müsst ihr euch merken!'

‚Red' du nur', schnaubte seine Frau, ‚aber man kann Gott nicht überlisten.'

‚Stimmt', gab er zurück, verschwand kurz im Bad, um sich die Hände zu waschen und kehrte an den Tisch zurück.

‚*Shabbat Shalom*' wünschte er seiner Familie mit feierlicher Stimme. Die Frau zündete die Kerzen an und sagte einen Vers auf. Der Ruhetag hatte begonnen."

Jitka hatte mir aufmerksam zugehört.

„Es ist wunderbar, was du in unserer Wohnung so alles erlebst. Aber nun können wir die Sache wirklich nicht mehr auf sich beruhen lassen", konstatierte sie entschieden.

Das Blatt wendete sich zu meinen Gunsten, als Jitka mir ein paar Tage später (der Termin bei einem Neurologen war bereits verabredet) eine Begebenheit berichtete, die in meinen Ohren nicht ungewöhnlich klang. Allein, dass es nun diesmal Jitka passiert war und nicht mir, löste einerseits Kränkung, andererseits Beruhigung in mir aus.

Ich war gerade von einer Konferenz zurückgekehrt und ziemlich kaputt nach chaotischer Reise mit der Bahn, spannte den Schirm zum Trocknen vor der Wohnungstür auf, hängte meinen Mantel an den Haken, als sie mich eindringlich ansprach.

„Stell dir vor", rief sie und ließ mir keine Chance, in Ruhe anzukommen, „stell dir vor: Ich sitze gestern mit der Zeitung am Wohnzimmertisch, als es plötzlich klingelte. Ich hatte niemanden erwartet. Wahrscheinlich wieder der Paketbote, der etwas für einen abwesenden Nachbarn abgeben will, dachte ich und zögerte ein wenig. Da hörte ich auch schon Schritte im Flur und das Öffnen der Tür.

Eine Frauenstimme sagt: ‚Wie schön, dass Sie kommen konnten, Herr Frenzel. Da wird sich der Helmut freuen, wenn der Pfarrer ihn besucht. Es geht ihm heute nicht gut.‘ Und dann höre ich den Besucher, der offenbar der Pfarrer der Gemeinde ist: ‚Es ist gut, Frau Weber, dass Sie angerufen haben. So kann ich Ihren Mann besuchen und schauen, ob ich etwas für ihn tun kann.‘ Und dann sind die beiden ins Wohnzimmer gekommen, wo ich am Tisch saß mit meiner Zeitung. Es kam mir aber so vor, als wäre ich gar nicht wirklich anwesend, so als würden Frau Weber und der Pfarrer mich gar nicht sehen, als wäre ich die Zuschauerin eines Schauspiels.“

„Ja, so ist es mir ja auch jedes Mal gegangen, wenn sich hier frühere Bewohnerinnen und Bewohner bemerkbar gemacht haben“, warf ich ein.

„Du glaubst, das sind alles Leute, die hier mal in dieser Wohnung gelebt haben?“

„Na ja, im Fall von Andrea hast du dich ja noch daran erinnern können, was die Vermieterin dir über das junge Paar erzählt hat, das nur kurz in der Wohnung war. Warum sollten nicht auch Hartmut und die Webers hier gewohnt haben.“

Jitka wurde nachdenklich und sagte dann mit Tränen in den Augen:

„Dann ist Herr Weber irgendwann hier in unserem Wohnzimmer gestorben und gestern war ich sogar dabei. Ich saß da am Tisch und drüben, wo unsere Couch und die Regale stehen, war das Pflegebett von Helmut Weber. Der Pfarrer Frenzel hat ihn freundlich begrüßt und gefragt, wie es ihm heute geht. ‚Möchten Sie etwas trinken, Herr Frenzel?‘, hat Frau Weber gefragt, aber der Pfarrer hat abgelehnt. ‚Dann lass’ ich euch mal einen Moment allein. Wenn etwas gebraucht wird, brauchen Sie nur zu rufen. Ich bin gleich nebenan.‘ Damit hat Frau Weber das Zimmer verlassen.

‚Es wird nicht mehr lange dauern, Herr Pfarrer‘, habe ich Herrn Weber mit schwacher Stimme sagen hören.

‚Sie haben das Gefühl, dass Sie bald sterben werden, Herr Weber?‘, sagt der Pfarrer. Er hat das Wort *sterben* in den Mund genommen, und es klang irgendwie gar nicht bedrohlich oder beunruhigend.“

Jitka wirkte ganz ergriffen, und ich forderte sie auf, weiterzuerzählen.

„Helmut Weber machte mir einen gefassten Eindruck“, meinte Jitka. ‚Sehr bald, Herr Pfarrer‘, hat er auf die Frage von Herrn Frenzel geantwortet, die ja eigentlich mehr Feststellung als Frage war. ‚Sie erinnern sich sicher noch, dass ich vor ein paar Monaten gefragt habe, ob Sie mir nicht etwas besorgen könnten, was zum schnellen Ende führt. Das konnten Sie nicht. Oder wollten es nicht.‘

‚Ich erinnere mich sehr gut, Herr Weber. Und wie denken Sie heute darüber?‘

Herr Weber dachte lange nach. ‚Gerade gestern war die Silke mit dem Kleinen wieder mal hier. Sie wohnt ja weiter weg, aber bemüht sich zu kommen, so oft es geht. Ich hätte den Enkel nicht mehr erlebt. Das wäre ja schade gewesen.‘

‚Und er hätte Sie nicht mehr erlebt. Das wäre auch schade gewesen.‘

Da sind Herrn Weber ein paar Tränen aus den Augen gekommen. Und mir auch.“

„Wie ist es weitergegangen“, wollte ich wissen.

„Herr Weber hat nach einiger Zeit der Stille geflüstert, dass es nun aber genug sei. Er habe trotz aller Schicksalsschläge, die er und seine Frau erleben mussten, doch ein gutes Leben gehabt. Und nun sei es an der Zeit, etwas anderes zu tun.“

„Etwas anderes zu tun?“, wiederholte ich fragend. „Was hat er denn damit gemeint?“

„Ich bin mir nicht sicher“, meinte Jitka, „aber der Frenzel hat dann noch gesagt, sie hätten ja auch schon mal über die Zusage eines Lebens in Ewigkeit gesprochen, das in der Beziehung und im Glauben an Gott entsteht. Der Glaube würde ja zu dem Wagnis ermutigen, dass im Leben vor dem Tod die Ewigkeit beginnen kann, also nicht erst, wenn jemand gestorben ist. Und dass das der Widerspruch gegen die Vergeblichkeit ist, vor der Menschen sich fürchten, wenn der Tod sich ankündigt.“

„Da ist was dran“, sagte ich. „Das scheint ja das menschliche Drama zu sein, dass der Tod am Ende der Tage scheinbar alles sinnlos und nichtig erscheinen lässt. Als hätte alles, was gewesen ist, zuletzt keine Bedeutung.“

„Gerade als Frau Weber wieder ins Zimmer kam, hat ihr Mann noch gesagt: ‚Neben diesem Bett liegt die Karte, die Sie uns damals beim Tod unseres Sohnes geschrieben haben. Da steht, dass wer sich im Vertrauen auf die Ewigkeit für das Leben einsetzt, einen Anteil an Gottes neuer Welt gewinnt. Unser Sohn war ja Sozialarbeiter in einem Wohnheim für kranke Jugendliche; das wissen Sie ja noch, Herr Pfarrer. Und deshalb haben Sie uns damals geschrieben, dass kein guter Gedanke, kein wahres Wort und keine gute Tat bei Gott vergessen sind. Ich habe die Karte oft gelesen und kenne sie auswendig. Das können Sie bei meiner Beerdigung auch sagen.'"

Nach dem Erlebnis mit dem Ehepaar Weber und dem Pfarrer wurde der Termin beim Neurologen abgesagt; denn Jitka war nun fest davon überzeugt, dass meine Erlebnisse keine Hirngespinste waren. Wir sprachen lange darüber, dass es doch merkwürdig ist, wie wenig die Bewohner eines Hauses oder einer Wohnung sich fragen, wer wohl vor ihnen dort gelebt hat, welche Geschichten sich zuvor in ihrem Zuhause zugetragen haben, wie wenig man darüber weiß. Und wir fragten uns, welche Geschichten von uns wohl dereinst in den Wänden hängen bleiben werden.

Kein zweites Mal

Als die beiden Uniformierten ihn baten, sie auf das Revier zu begleiten, folgte er der Aufforderung widerstandslos, ließ sich mit der Hand des Polizisten auf dem Kopf zum Rücksitz des Streifenwagens bringen und empfand eine tiefe Traurigkeit, als der Wagen gestartet wurde und sich vom Ort des Geschehens entfernte. Von einem „Tatort" wurde in den letzten Minuten immer wieder gesprochen.

Er war an diesem Abend mit Daniela unterwegs in der Stadt. Das hatten sie sich schon lange vorgenommen, erst nett etwas essen gehen, dann Kino mit Filmvorstellung durch die Regisseurin und anschließend noch ein *Irish Stout*. Es war schon fast gegen Mitternacht, als sie auf dem Heimweg am Fluss entlangschlenderten und über den Film sprachen. Kurz vor einer Brückenunterführung lösten sich zwei Schatten aus dem Dunkel und kamen direkt auf sie zu. Während Daniela die Bedrohung gar nicht wahrzunehmen schien und einfach weiterredete, spürte er, wie sein Herz schneller schlug und sein Nacken feucht wurde. Er verspannte sich und sofort war der Satz im Kopf, den er seit genau 40 Jahren mit sich trug: So etwas passiert dir nicht noch einmal! Er hatte sich damals geschworen, dass er eine solche Situation kein zweites Mal erleben würde.

Die Typen standen nun vor ihnen und versperrten den Weg. Sie trugen Sportklamotten und Kapuzen auf dem Kopf. Sofort zischte einer der beiden: „Rückt die Kohle raus und am besten Uhren und Handys noch dazu!“ Inzwischen war auch Daniela klar geworden, dass die Lage keineswegs harmlos war. Sie war verstummt und stand nun ein wenig hinter ihm. Obwohl ihm klar war, dass die beiden Gestalten sich nicht einfach beruhigen lassen würden, unternahm er dennoch einen Versuch: „Leute, was soll das?“, hörte er sich sagen, obwohl in seinem Kopf schon ein ganz anderes Programm aktiviert wurde. „Es ist schon spät, und wir wollen doch alle nach Hause. Außerdem haben wir ...“ Der Mann, der nun dicht vor ihm stand, ließ ihn gar nicht ausreden. „Hast du nicht verstanden, du Opfer! Mach', was ich dir gesagt habe, sonst seid ihr dran!“

Als die beiden Jungs damals so vor ihm standen und ihm die Haare in Büscheln vom Kopf rissen, hatte er sich geschämt und später geschworen, dass er eine solche Situation kein zweites Mal erleben würde. Nie mehr wollte er tatenlos zum Opfer der Launen anderer werden. Damals hatte er Angst. Sie waren zu zweit und er allein. Was hätte er für eine Chance gehabt? Er ließ die Demütigungen und Schläge über sich ergehen und hatte gehofft, es würde die Angreifer besänftigen und sie würden schneller von ihm ablassen. Wer weiß, wenn er sich gewehrt hätte, wäre vielleicht alles noch schlimmer geworden.

Kein zweites Mal!, so hatte er es sich geschworen. Nicht noch einmal wird dir das passieren!, so war es in seinem Kopf wie in Stein gemeißelt. Es ging ganz schnell. Ehe der Kerl vor ihm einen weiteren Gedanken fassen, ein weiteres Wort sagen konnte, hatte er ihm hart und gezielt gegen den Kehlkopf geschlagen. Der andere griff sich mit entsetztem Gesichtsausdruck an den Hals, die Augen traten aus den Höhlen, er rang um Luft und fiel auf den Boden, wo er noch ein paar Mal zuckte und dann reglos verschied.

Daniela tat einen spitzen Schrei. Der andere Mann sah auf seinen Kumpel, der sich nicht mehr rührte, schaute schockiert zu Daniela und ihrem Begleiter herüber und rannte schließlich davon.

Im selben Augenblick kam ein Radfahrer heran, bremste und lehnte sein Rad an eine Bank.

„Was ist denn hier los", sagte er. „Was ist mit diesem Kerl auf dem Boden?"

Daniela hatte ihre Sprache wiedergefunden und meinte, sie seien angegriffen worden. Zwei Männer seien es gewesen, und sie hätten Geld und Handys gefordert.

„Hast du den Typen gesehen, der gerade weggerannt ist? Das war einer von den beiden", schob sie noch nach.

„Der gestörte Typ, der geradewegs auf mich zulief und erst im letzten Moment meinem Rad ausweichen konnte?"

Er hatte ihn gesehen. Das war schon mal gut. Falls man ihn später als Zeuge befragen würde, könnte er sagen, dass ihm ein Mann in Sportklamotten und Kapuze entgegengekommen war, einer, der dem Toten da am Boden ähnlich war und aussah, als gehörte er zu ihm.

Der Radfahrer schaute zwischen der leblosen Gestalt und dem anderen Mann hin und her. Daniela blickte wieder stumm vor sich auf die Erde und konnte wohl nicht glauben, was gerade passiert war.

„Mein Gott", rief der Radfahrer leicht panisch, „was ist denn hier gerade passiert?"

„Kein zweites Mal, habe ich mir damals geschworen", sagte er, als wären damit alle Fragen beantwortet und die komplizierte Situation gelöst. „Wir brauchen Notarzt und Polizei", sagte er in Richtung des Radfahrers. „Kannst du das regeln?"

Auch Daniela fühlte sich durch den letzten Satz aufgefordert, sodass beide hektisch nach den Handys kramten und kurze Nummern tippten.

Es dauerte nicht lange, bis ein Rettungswagen eintraf. Kurz darauf folgten mit Blaulicht zwei Streifenwagen. Die ebenfalls eingetroffene Ärztin konnte nur bestätigen, was der Sanitäter bereits ein paar Minuten zuvor mitgeteilt hatte: Exitus.

Die Polizisten sprachen ihn an und fragten, was er zu dem Geschehen aussagen könne. „Kein zweites Mal, habe ich mir damals geschworen", sagte er gefasst. Und wieder hingen die Worte wie eine hinreichende Erklärung aller fragwürdigen Sachverhalte in der Luft.

„Wie meinen Sie das?", wollte die Kollegin in Uniform wissen.

„Ich werde nicht mehr wehrlos zum Opfer", erklärte er der jungen Polizistin.

„Heißt das, dass es eine Auseinandersetzung zwischen Ihnen und dem Toten gab und Sie ihn tödlich verletzt haben?", fragte ein weiterer Polizist.

Er leugnete nicht.

Die Polizisten wandten sich ab, und während er hörte, wie Daniela ihre Wahrnehmungen und Erinnerungen, angefangen beim Abendessen und dem anschließenden Kinobesuch vortrug, als würde sie ein Referat halten, und der Radfahrer das Geschehen, soweit er es erlebt hatte, erläuterte und sich redlich um eine präzise Darstellung bemühte, lief in ihm die Situation ab wie ein Film, der ihn als Elfjährigen mit ein paar Freunden an der Haltestelle zeigt. Deutlich sah er das Wartehäuschen vor sich, wo sie auf den Schulbus warteten. Zahlreich standen die Schülerinnen und Schüler an diesem Platz. Manche tobten herum, andere standen missmutig gegen das Häuschen gelehnt, wieder andere entspannten sich mit einer Zigarette im Mund. Seine Freunde und er erzählten sich Witze und lachten vergnügt, als sich aus der Traube von Jugendlichen auf einmal zwei ältere Jungs lösten und auf sie zukamen. Seine Freunde traten gleich einen Schritt zur Seite, als wollten sie den Älteren nicht den Zugang zu ihm versperren, der auf der Bank im Wartehäuschen saß und deshalb nicht einfach weggehen konnte. Sie standen bedrohlich vor ihm. Es schien, als wäre er allein mit den beiden, die ihn nun frech und überheblich angrinsten.

„Warum hast du eben über uns gelacht?", forderten sie ihn heraus.

„Wieso gelacht?", antwortete er ängstlich. „Ich habe nicht über euch gelacht."

„Klar hast du gelacht! Jetzt gib es wenigstens zu oder bist du zu feige dazu."

„Wir haben uns Witze erzählt und mussten lachen. Das hatte mit euch nichts zu tun.“

„Das kann ja jeder behaupten. Wir haben auch gar nicht gesagt, dass die anderen gelacht haben. Aber du hast gelacht über uns. Was ist also so lustig an uns, dass du uns auslachst? Glaubst wohl, du kannst dir das erlauben, weil du aufs Gymnasium gehst. Da kann man über Hauptschüler lachen, was?“

Er schaute flehend zu seinen Freunden, aber die machten keine Anzeichen, ihm zu helfen. Wir wären in Überzahl, hatte er hoffnungsvoll gedacht, aber seine Freunde wichen seinem Blick aus.

„Also, was ist jetzt, du kleines Arschloch? Gibst du jetzt zu, dass du über uns gelacht hast? Oder willst du auf die Fresse?“

Einige Schülerinnen und Schüler schauten zu ihnen herüber. Er schämte sich und wollte auf keinen Fall sein Gesicht verlieren. Ihm war zum Heulen zumute, aber jetzt bloß keine Tränen! Standhaft bei der Wahrheit wollte er bleiben.

„Ich habe euch doch nicht einmal gesehen. Warum sollte ich da über euch gelacht haben?“

„Aha, das Superhirn hat uns nicht gesehen. Ja, zu Jungs wie uns schaut man gar nicht hin, wenn man sich für was Besseres hält.“

Und schon spürte er einen Schlag auf dem Kopf. Vorher hatten sie ihm blitzschnell die Mütze vom Kopf gerissen und sie in eine Pfütze geworfen. Noch einmal unterdrückte er die Tränen. Da rückte der zweite Junge auf ihn zu und packte sein Ohr zwischen Daumen und Zeigefinger. Ein höllischer Schmerz durchzuckte ihn und er schrie kurz auf. Und als ihn schließlich der eine gegen seine herabbaumelnden Beine trat und der andere ihm büschelweise die Haare ausriss, konnte er die Tränen nicht mehr zurückhalten. Seine Freunde hatten sich immer mehr zurückgezogen, und auch die wenigen Erwachsenen an der Haltestelle griffen nicht ein.

„Jetzt heult er auch noch! Das hat man davon, wenn man uns auslacht“, höhnte einer der beiden. Er wollte wieder darauf beharren, nicht über sie gelacht zu haben, aber nun kam kein Wort mehr aus seiner Kehle. Es hatte ihm die Sprache verschlagen, und er sollte sie erst viel später am Nachmittag wiederfinden.

Der Bus war die Erlösung. Die beiden ließen von ihm ab und hasteten hinüber, als sei nichts geschehen. Er schlich hinterher und stieg mit verheultem Gesicht die Stufen hoch. Alle Plätze waren besetzt, sodass er stehend und von anderen Schülerinnen und Schülern angeglotzt die an diesem Tag dreimal so lang wie sonst wirkende Fahrt aushalten musste.

Zu Hause verschwand er gleich in sein Zimmer. Seine Mutter hatte nicht einmal bemerkt, dass er völlig außer sich war. Als sie ihn zum Essen rief, ließ er sich in der Küche auf den Boden fallen und kauerte an der Wand. Die Wunden, die die beiden ihm zugefügt hatten, schmerzten noch heftig. Aber viel tiefer schmerzten die Gefühle von Ohnmacht, Verlassenheit und Scham. Man hatte ihm Gewalt angetan, und niemand hatte ihm geholfen.

„Was ist mit dir los?", fragte seine Mutter beiläufig.

Er schwieg.

„Du, ich sehe, doch, dass was mit dir ist. Jetzt sag schon. Habt ihr etwa die Mathearbeit zurück?"

Sie denkt nur an diese Scheiß-Arbeiten und die Scheiß-Notenspiegel und die Scheiß-Schule, schoss es ihm wütend durch den Kopf.

Er schwieg weiter.

„Na gut, dann sag halt nichts. Spätestens wenn dein Vater von der Arbeit kommt, wirst du dein Schweigen aufgeben", sagte sie mit gespielter Gleichgültigkeit. Oder war *es* ihr wirklich egal, das heißt: war *er* ihr egal?

Er musste wieder weinen. Und nach einiger Zeit erzählte er ihr doch, was nach der Schule an der Haltestelle passiert war. Er erzählte es in der Hoffnung, sie könnte ihn zuerst trösten, dann wütend werden auf die älteren Jungen und Empörung zeigen und schließlich am Abend mit dem Vater beraten, wie sie mit den Eltern von den Kerlen reden müssten.

Nichts davon geschah. Es gab keinen Trost. Es gab auch keine Wut. Und die Mutter ließ auch nicht erkennen, dass sie irgendetwas zur Strafe der Angreifer gedächte zu tun. Vielmehr schien ihr die Sache lästig zu sein.

„Vielleicht hast du ja wirklich irgendwas gemacht, was für die beiden so aussah, als hättest du über sie gelacht", sagte sie vorwurfsvoll.

Jetzt sollte er auch noch schuld gewesen sein. Er fühlte sich zum zweiten Mal an diesem Tag ohnmächtig, verlassen und beschämt. Seine Lektion hatte er gelernt: verlass dich nicht auf andere, nicht auf Freunde, selbst auf deine Eltern nicht.

Nach dem Ereignis hatte er noch einige Jahre seine Ängste ausgehalten, bis er alt genug war und sich zu einem Kurs anmeldete, wo man lernen konnte, was in solchen Situationen zu tun ist. Kein zweites Mal sollte ihm das passieren.

„Würden Sie jetzt bitte mit uns aufs Revier kommen!"

Die Stimme der jungen Polizistin beendete den Film in seinem Kopf. Widerstandslos folgte er der Aufforderung und ging zwischen zwei Uniformierten zum Streifenwagen.

Er hatte nur ein einziges Mal hart und gezielt zugeschlagen. Und er hatte immer gehofft, dass der harte und gezielte Schlag nie nötig sein würde.

Lizzy

Wer ist eigentlich diese Lizzy Lazor?, fragte er sich, als er auf dem Weg zur Arbeit wie jeden Morgen die Autobahnausfahrt nahm und an der seitlichen Begrenzungsmauer den Schriftzug mit dem Namen las. Zweimal nebeneinander: *LIZZY LAZOR LIZZY LAZOR*.

Im Büro angekommen, ging er wie gewohnt am Kaffeeautomat vorbei, öffnete wie üblich das Fenster und rückte die Computermaus und die Bleistifte auf dem Schreibtisch in die richtige Position. „Hatte die Frau von der Reinigungsfirma wieder für Unordnung auf dem Tisch gesorgt", war sein erster Gedanke dreimal in der Woche, immer am Morgen nach dem Einsatz der Putzkolonne. „Mein Gott, wie lange der Computer wieder braucht", war der zweite Gedanke. Ein Systemfehler wurde angezeigt, was auch nicht selten vorkam und bei Stefan immer wieder neu ein Kopfschütteln über die viel gepriesenen Segnungen der Digitalisierung hervorrief.

Stefan arbeitete in der Sachbereichsleitung einer diakonischen Einrichtung. Seit knapp 30 Jahren war er hier beschäftigt und hatte sich im Laufe der Zeit von Beförderung zu Beförderung hinaufgehangelt. Entsprechende Weiterbildungen brachten ihn in den Leitungsstab. Natürlich waren damit auch Verantwortung und Einkommen gewachsen und die Zeit für die Familie geschrumpft. Aber irgendwie musste der Kredit für das Fertighaus bedient werden, und um drei Kinder mit Klassenfahrten und Hobbys zu unterhalten, brauchte man nun einmal mehr als einen E8-Verdienst.

Jetzt lief der Computer, und bevor Stefan die seit dem Vortag eingegangenen E-Mails anschaute, gab er den Namen in die Suchmaschine ein. „Lizzy Lazor" ... kein Ergebnis. Eine Steuerberaterin mit Namen Elisabeth Lazor, die offenbar auch eine Tanzformation für den Karnevalsverein einer mittelgroßen Stadt leitete, wurde ihm angezeigt. Aber warum sollte eine närrisch tanzende Steuerberaterin ihren Namen an eine Begrenzungsmauer an der Autobahn sprühen. Außerdem passte der Ort nicht. Viel zu weit weg von seiner Autobahnausfahrt. Nicht einmal dasselbe Bundesland. Trotzdem klickte er mit der linken Maustaste die Bilder an. Sah gar nicht so schlecht aus, diese Elisabeth Lazor.

„Kommst du“, holte ihn die Stimme seines Kollegen in die Wirklichkeit zurück. „Verdammt ... Teamsitzung“, schoss es ihm durch den Kopf. Und er wollte noch die Tischvorlagen ausdrucken.

„Äh, ich brauche noch einen Moment. Sag den anderen, dass wir um eine Viertelstunde verschieben!“

Irgendwie war er unkonzentriert in der Sitzung. Im Kopf war er die verschiedenen möglichen Schreibweisen für diese Lizzy Lazor durchgegangen, die er nun in die Suchleiste eingab. Wieder kein Fortschritt. Weder eine Elisabet ohne „h“, noch eine „Lazar“ oder „Lazur“ brachte ihn weiter. Aber weiter wohin – und mit was eigentlich? Was ging ihn diese Frau an? Und was würde er tun, wenn sich eine Spur auftäte? Jetzt saß er nach der Sitzung schon geschlagene zwei Stunden im Suchmodus. Was bildete er sich ein, die Arbeit auf dem Schreibtisch zu vernachlässigen! Seine Sekretärin hatte etwas überrascht ausgesehen, als er die verabredete Besprechung mit ihr auf den Folgetag verschob. Das hatte es eigentlich noch nie bei ihm gegeben. Stefan ärgerte sich, weil er nun Überstunden machen musste, um das Pensum zu schaffen. Und wie sollte das überhaupt am nächsten Tag funktionieren? Eine Leitungsklausur stand im Kalender, die mindestens den halben Tag in Anspruch nehmen würde.

Am nächsten Morgen las er wieder den Schriftzug. „Lizzy Lazor“ ... es hatte ja auch irgendwie einen geheimnisvollen Klang. Wer wohl dahintersteckte? In der Nacht war er aufgewacht, und es war ihm die Idee gekommen, seinen Sportfreund Siggi zu fragen. Der war Polizist und die hatten doch auf der Dienststelle so ein System, mit dem man Personen suchen und finden konnte. Aber der durfte das bestimmt nicht für Lizzy Lazor benutzen. „War doch ein blöder Gedanke ... was einem schon so im Halbschlaf einfällt“, maßregelte er sich. Er musste nachdenken. Und dazu brauchte er Zeit. Stefan fasste den Plan, seinen Stellvertreter zur Klausur zu schicken. Dann hätte er einen halben Tag frei.

„Nina, ich gehe mal raus. Weiß noch nicht, wann ich zurück bin“, sagte er zu seiner Sekretärin im vertraulichen Ton.

„Und was wird mit unserer Besprechung? Geht's dir nicht gut, Stefan? Und müsstest du nicht eigentlich in der Klausur sein?"

Drei Fragen auf einmal. Was sollte er jetzt sagen, fragte er sich, und verschaffte sich damit die vierte Frage.

„Wir machen das morgen", sagte er knapp und verschwand durch die Tür.

Draußen schlenderte er durch den Park und die benachbarten Straßen. Stefan war schon fast daran vorbeigegangen, da schreckte er plötzlich auf. An einer Baustellen-Bretterwand hing ein verwittertes Plakat, das eine Vorführung mit der Puppenspielerin Lizzy Lazor ankündigte. Das Plakat war unprofessionell gestaltet. Ein paar Schriftzeilen und das Bild einer Puppenbühne, am Privat-PC zusammengebastelt und im Copy-Shop um die Ecke ein paarmal ausgedruckt auf DIN A3. Wahrscheinlich eine sehr unbekannte Künstlerin, weshalb auch nichts über sie zu finden war. Stefan versuchte, den verblichenen Text zu entziffern. Die Veranstaltung lag schon einige Monate zurück, aber er konnte den Ort lesen. Eine Aufführung im Ferienprogramm einer Stadt, die etwa 65 Kilometer entfernt war. Vielleicht würde er dort etwas herausfinden.

Stefan schaute auf die Uhr. Wenn er sich beeilte, könnte er die 130 Kilometer bis zum Feierabend schaffen. Sicherheitshalber rief er bei der Stadtverwaltung an und erkundigte sich nach deren Öffnungszeiten. Beschwingt lief er zum Parkplatz zurück und startete seinen Wagen. Nina konnte er noch während der Fahrt darüber informieren, dass er nicht mehr ins Büro käme. Morgen wieder.

In der Stadtverwaltung stieß er auf eine heiße Spur. Lizzy Lazor war tatsächlich dort aufgetreten. Aber es handelte sich wohl um einen Künstlernamen, und die Verwaltungsangestellte zögerte, ihm zu verraten, wer sich dahinter verbarg. Erst als er sich als Sachgebietsleiter vorstellte und seine Absicht, *Frau Lazor* für ein Familienfest der Diakonie zu buchen, schrieb sie Mail-Adresse und eine Handynummer auf einen Zettel. Gleich morgen würde er versuchen, über diese mühsam erworbenen Daten herauszufinden, wo diese Frau sich aufhielt.

Im Auto überkam ihn ein leichtes Schamgefühl. Was fiel ihm eigentlich ein, diese Person zu stalken? Andererseits fand er diese Spurensuche auch reizvoll und spannend.

Plötzlich stotterte der Motor und erstarb dann unvermittelt. „Verdammt!", rief Stefan und schlug aufs Lenkrad. Der Wagen rollte auf den Seitenstreifen. Auf dem Display im Armaturenbrett wurde in roter Schrift ein Systemfehler angezeigt. „Scheiß-Elektronik", fluchte er. „Je mehr Elektronik im Auto, desto anfälliger die ganze Karre! Wie soll ich jetzt pünktlich nach Hause kommen?" Stefan jammerte vor sich hin, bevor er die Nummer des Pannendienstes wählte. Als das Auto wieder fuhr, konnte er sich kaum darüber freuen. Was würde Esther sagen, wenn er so lange wegblieb? Und vor allem: Was sollte er antworten, wenn sie Fragen stellte?

Zu Hause traf er auf lange Gesichter. Es war nicht nur das Essen kalt; er hatte nicht mehr daran gedacht, dass er seine Tochter Sarah zur Generalprobe in die Schule bringen wollte. Der schief hängende Haussegen war auf die Schnelle nicht zu reparieren. Sein Gestammel von der Wagenpanne stieß in keinster Weise auf Verständnis. Und die magere Antwort auf die Frage seiner Frau, wo er sich eigentlich herumgetrieben hatte, hinterließ ein dickes Fragezeichen auf ihrer Stirn. Sie hatte im Büro angerufen und von Nina eine etwas unspezifische Auskunft über seinen Verbleib erhalten. Der Tag war gelaufen.

Stefan musste sich etwas zusammenreißen. Im Büro schauten sie ihn wegen der merkwürdigen Vorfälle vom Vortag skeptisch an, und zu Hause konnte das Gras über der Sache unmöglich so schnell wachsen, wie es sollte.

Wenn er nur nicht jeden Morgen an dieser Begrenzungsmauer vorbeifahren müsste ...

Nach einigen Tagen griff er zum Telefon und wählte die Mobilnummer.

„Hallo?", meldete sich eine Stimme, „wer ist da?"

„Entschuldigen Sie", sagte Stefan, „ist das der Anschluss von Lizzy Lazor?"

„Wer will das wissen?", fragte die Stimme forsch.

„Ich bin Sachgebietsleiter beim Diakonischen Werk", hörte Stefan sich sagen. Warum scheute er sich, seinen Namen zu nennen?

„Und was wollen Sie, Herr Sachgebietsleiter?“, äffte die Stimme am anderen Ende ihn nach.

Stefan überlegte und wärmte seine Geschichte auf, die er auch der Verwaltungsangestellten vorgegaukelt hatte.

„Nun, wir planen ein Familienfest und möchten gerne eine Puppenspielerin engagieren. Sind Sie Frau Lazor? Sie sind doch Puppenspielerin, oder?“

„Sie haben das Handy von Lizzy Lazor angerufen, aber ich bin nicht Lizzy Lazor. Lizzy hat ihr Handy hier vergessen, als sie vor ein paar Wochen zu einer kleinen Tournee nach Freiburg aufgebrochen ist.“

„Wann wird sie denn wieder zurückkommen?“, wollte Stefan wissen, aber die Frau am Handy legte einfach auf.

Nun wusste er, wo die Puppenspielerin gerade unterwegs war. Aber war diese Puppenspielerin eigentlich die Lizzy Lazor, die er suchte?

„Freiburg ...“, sinnierte Stefan. Vor langer Zeit war er mal dort gewesen. Vielleicht sollte er mal wieder nach Freiburg fahren. Vermutlich würden auch dort selbst gebastelte Plakate von ihr herumhängen. Es dürfte keine Schwierigkeit sein, die Puppenspielerin aufzustöbern. Aber aus welchem Grund sollte er auf einmal nach Freiburg fahren? Stefan überlegte angestrengt. Gab es einen dienstlichen Anlass? Eine Tagung von Sachgebietsleitern der Diakonie? Eine Fortbildung, die er besuchen könnte?

Er bemühte wieder die Suchmaschine und dazu das Intranet des Diakonischen Werkes, leider ohne einen hilfreichen Hinweis. Er könnte der Familie einen Ausflug nach Freiburg vorschlagen. Ein Puppentheater wäre sicher eine große Freude für Sarah, die ihm sein Versäumnis immer noch nachtrug. Aber es war Schulzeit. Und wollte er bei seiner Suche nach Lizzy Lazor wirklich seine Familie dabeihaben?

„Sag mal, kennst du eine Lizzy?“, sagte Esther beiläufig, als er am Abend zu Hause war und sich im Esszimmer an den Tisch setzte.

„Wie sagst du? Lizzy?“ Stefan war erschrocken, als seine Frau diesen Namen nannte. „Ich wüsste nicht, dass ich eine Lizzy kenne. Wie kommst du darauf?“

„Naja, heut' Nacht hast du im Schlaf den Namen ein paarmal gemurmelt", sagte Esther mit prüfendem Unterton.

„Nein", wehrte Stefan ab, „so jemanden kenne ich nicht. Woher auch?" Er fand es ein bisschen schade, dass er sich nicht mehr an den dazugehörigen Traum erinnern konnte. Aber jetzt musste er auf der Hut sein, durfte sich nicht verplappern und den Argwohn seiner Frau auf sich ziehen. Frauen denken ja immer gleich wer weiß was ...

„Bist du sicher, Stefan?"

„Esther, was soll das! Wenn ich sage, ich kenne keine Lizzy Lazor, dann kenne ich sie auch nicht!" Wie blöd! Jetzt hatte er den kompletten Namen genannt.

„Ach, du kennst auch ihren Nachnamen? Den hatte ich gar nicht genannt", stichelte Esther herausfordernd.

„Lass das jetzt!", wehrte sich Stefan und ahnte zugleich, dass dies wieder ein verdorbener Abend werden würde.

Stefan beschloss daraufhin, erst einmal nicht mehr an Lizzy Lazor zu denken, was aber nicht so einfach war. Würde er zu lange warten, wäre womöglich die Spur wieder kalt. Lizzy könnte längst Freiburg verlassen haben und inzwischen in Rom oder Paris die Puppenbühne aufgebaut haben. Wie könnte er dem Ziel näherkommen, ohne selbst zu viel unterwegs sein zu müssen? Er dachte darüber nach, einen Privatermittler zu engagieren, aber die Auskünfte im Internet zeigten ihm hohe Gagen an.

Sein Vorgesetzter war ins Büro getreten, ohne dass Stefan etwas bemerkt hätte.

„Stefan, kannst du dich für ein paar Tage hier ausklinken? Du müsstest in Vertretung für mich an einer Konferenz in Colmar teilnehmen."

„C-o-l-m-a-r", stotterte Stefan. „Dieses Colmar bei Freiburg?"

„Wie viele Colmars kennst du sonst noch?", gab sein Chef ungeduldig zurück.

„Ja, ich müsste mal sehen ... das müsste ich schon hinkriegen ... wie lange dauert die Konferenz?"

„Das sind drei Tage. Allerdings schon nächste Woche."

„Das geht schon klar, Hilmar", sagte Stefan und strahlte Gewissheit aus, „mach dir keinen Kopf; du kannst dich voll und ganz auf mich verlassen."

Als er wenige Tage später die Grenze im wahrsten Sinn des Wortes überschritten und im Hotel eingecheckt hatte, machte er sich sofort auf den Weg nach Freiburg. Den ersten Konferenzteil würde er sich schenken. „Wahrscheinlich nur irgendwelche langweiligen Präliminarien", redete er sich beruhigend zu. Wichtig war, dass er zum rechten Zeitpunkt im Konferenzhotel eingelaufen war.

In Freiburg spurtete er durch die Straßen und fand tatsächlich an einer Bushaltestelle ein Plakat. Lizzy Lazor, Puppenbühne, Aufführung heute Abend ...

„Das ist zeitlich kaum machbar", überlegte Stefan, „aber andererseits ... wenn ich einfach heute hier in Freiburg bleibe und morgen zu dieser Konferenz gehe ..."

Am Abend saß er aufgeregt mit ein paar Kindern in Obhut ihrer Eltern und Großeltern in einem Pfarrgemeindehaus und blickte gespannt auf den Vorhang der kleinen Bühne, der noch geschlossen war. Endlich war es so weit. Die ersten Figuren turnten an ihren Fäden und Stangen über die Bühne und entführten das Publikum in eine andere Welt, in der Gespenster, Feen und orientalisch anmutende Gestalten sich gegenseitig die Hauptrollen streitig machten.

Stefan war fasziniert. Was er nicht bedacht hatte: die Puppenspielerin war nicht zu sehen.

Am Ausgang wurden Zettel mit Hinweisen auf die nächsten Auftritte verteilt. Morgen Abend, 18.00 Uhr, Breisach am Rhein.

In der Nacht schlief Stefan unruhig und träumte wirres Zeug. Hatte er Lizzy Lazor gefunden? Ungeduldig ließ er den kommenden Konferenztag an sich vorbeiziehen, schwänzte den Vortrag mit anschließender Diskussion am Nachmittag und machte sich auf den Weg nach Breisach. Wieder war er gefangen von dieser Geschichte aus dem Orient und vergaß die Zeit. Sein Handy klingelte. Er kramte in seiner Jackentasche, las „Esther" im Display und drückte den Anruf weg ... „*the person, you are calling, is not available at present*", flüsterte er irre kichernd vor sich hin, „*please try it later*".

Später war er aber auch nicht zu erreichen, weil er vor dem Ausgang wartete und hoffte, die Puppenspielerin beim Verlassen des Gebäudes zu treffen. Die Zeit verstrich, aber er konnte sie nicht entdecken. Vermutlich ein anderer Ausgang.

Stefan war enttäuscht und trottete zurück zum Auto. Im Hotel traf er Konferenzteilnehmer, die ihm berichteten, jemand aus seiner Abteilung habe versucht, ihn zu erreichen. Schweißtropfen traten auf seine Stirn, und er wurde etwas panisch.

„Aber was soll's", redete er vor sich hin. „Nun ist es auch egal. Ich muss unbedingt morgen Nachmittag noch einmal zur Aufführung. Vielleicht habe ich bei Tageslicht mehr Glück."

Das Glück blieb aus, aber irgendwie war ihm auch das egal. Drei Mal hatte er nun die Geschichte gesehen und erlebt, die ihn so verzauberte. Er fühlte sich beschenkt von der Puppenspielerin, von der er nicht einmal wusste, ob sie auch nur entfernt etwas mit der Frau zu tun hatte, die er suchte. Warum suchte er sie eigentlich? Es war ihm immer noch nicht klar.

Zu Hause fand er einen Zettel auf der Anrichte im Flur, auf dem Esther knapp notiert hatte, sie sei mit den Kindern ein paar Tage bei ihren Eltern. Im Büro wurde er zu Hilmar einbestellt. „Scheißtag", dachte Stefan. An der Begrenzungsmauer der Autobahnausfahrt war der Schriftzug verschwunden.

Fluchtversuche

Nur mal angenommen", sagte Frau Siegesmund, und was sie dann nur mal annehmen wollte, hörte sich für Tobias schrecklich und verlockend zugleich an. Und sofort schämte er sich für den verlockenden Anteil. Er spürte die Wärme an Hals und Gesicht. Es war ihm unangenehm, dass er errötete, was seine Therapeutin sicher bemerkte, es aber unkommentiert ließ. Stattdessen fuhr sie fort: „nur mal angenommen, die gefährliche Krankheit würde wieder ausbrechen. Hinweise dafür gibt es ja zurzeit nicht, aber wir können es ja einmal annehmen. Was wäre dann?"

„Das wäre furchtbar", hörte Tobias sich sagen, und es wirkte wie auswendig gelernt.

Ja, es wäre furchtbar, dachte er bei sich. Vor sechs Jahren war Jessica schwer erkrankt. Operationen und intensive Behandlungen brachten Hilfe, aber seither lag die Sorge vor einer Rückkehr der Krankheit über ihrer Beziehung. Mit jedem Jahr, das verging, ließ die Anspannung nach, hier und da aber tauchte eine leichte Beklemmung wieder auf. Tobias hatte Frau Siegesmund davon erzählt. Vermutlich war diese Sorge der Grund für manche Schwierigkeit in der Partnerschaft, diagnostizierte Tobias. Der Gedanke schien ihm naheliegend, und er wunderte sich darüber, dass die Therapeutin seine Erkenntnis nicht sogleich bestätigen wollte. Stattdessen ließ sie sich noch einmal schildern, was Tobias als besonders schwierig in der Beziehung zu Jessica empfand. Noch einmal schilderte er die Enge, die ihm zu schaffen machte. Ohne sie könne er kaum etwas unternehmen; immer wolle sie in seiner Nähe sein. Inzwischen treffe er nicht einmal mehr seine beiden besten Freunde. Früher waren sie regelmäßig zum Klettern verabredet und sind dann anschließend noch was trinken gegangen. Aber bald stellte sich bei Jessica starkes Unwohlsein ein, wenn die Verabredung mit den Freunden näher rückte. Dann brauchte sie seine Unterstützung zu Hause, so dass er klettern und Kneipe absagen musste. Manchmal glaubte er, sie täusche die

Übelkeit nur vor, damit er die Wohnung nicht verlassen würde. Jessica war sehr anhänglich und konnte nicht gut alleine sein. Als Übersetzer hatte er sein Arbeitszimmer in der Wohnung, was Jessicas Bedürfnis nach Nähe sehr entgegenkam. Den Austausch mit Autorinnen und Autoren konnte er über Video pflegen, und im Verlag musste er sich nur selten sehen lassen. Dann begleitete Jessica ihn in die Stadt, stöberte in Mode-, Kosmetik- und Buchläden und holte ihn wieder ab, wenn sein Termin zu Ende war. Wenn er mal etwas länger mit seinem Vater telefonierte, was nicht häufig vorkam, setzte sie sich zu ihm und blätterte in einer Zeitschrift oder strickte Socken und Pullover. Das Klackern der Nadeln störte ihn, aber er wagte nicht, in einen anderen Raum zu gehen. Hatte sie genug geblättert und geklackert, legte sie gern ihren Kopf in seinen Schoß und massierte seine freie Hand.

Frau Siegesmund hatte aufmerksam zugehört. „Was würde passieren, wenn Sie Ihrer Partnerin hin und wieder die ein oder andere Stunde Alleinsein zumuten würden?“, wollte sie wissen. Die Frage beunruhigte ihn. „Ich weiß nicht“, hatte er mit brüchiger Stimme geantwortet. „Sie würde sich sicher verlassen fühlen. Wahrscheinlich wäre sie sauer und würde schimpfen.“

„Schimpfen“, sagen Sie. „Das klingt, als ob eine Mutter den ungezogenen Sohn zurechtweist.“

„Na ja, nicht wie eine Mutter“, wehrte Tobias ab. „‚Schimpfen‘ ist vielleicht auch das falsche Wort. Ich meine eher ‚nörgeln‘ oder ‚klagen‘. Auf alle Fälle wäre sie enttäuscht von mir.“

Und dann erzählte er von seinem großen Wunsch, alleine mit dem Wohnmobil für acht Wochen unterwegs zu sein. Durch Frankreich hinunter nach Spanien und über Portugal zurück.

„Davon träum’ ich schon seit Langem.“

„Wie stellen Sie sich das genau vor?“, wollte Frau Siegesmund wissen.

„Eine Auszeit mit dem Wohnmobil, stelle ich mir vor. Ich würde ein paar Klamotten und ein bisschen Proviant für die ersten Tage einpacken. Notizbuch und Bleistifte würde ich mitnehmen …“

Die Therapeutin unterbrach ihn: „Wenn Sie es mal nicht im Konjunktiv erzählen, sondern so, als ob es tatsächlich passiert … ‚Ich packe ein paar Klamotten und ein bisschen Proviant für die ersten Tage ein …‘ Sie verstehen, was ich meine.“

Tobias war wieder einmal beeindruckt, wie genau sie seine Sätze wiedergeben konnte. Angeregt griff er ihren Vorschlag auf und spürte die Freude dabei.

„Ich werfe also ein paar Klamotten, Nahrungsmittel, Wasser und Bier in den Bus … Natürlich auch die Kletterschuhe, Seile, Gurte, Klemmen und Rollen, Karabiner und Handschuhe. Notizbuch und Bleistifte nehme ich auch mit. Ich möchte Erlebnisse und Eindrücke aufschreiben. Beweglich sein, hier und da mal anhalten, ein paar Tage bleiben, mich mit Leuten unterhalten und dann wieder weiterfahren. ‚Heute hier, morgen dort‘, Sie wissen schon. Sobald ich alles einge-

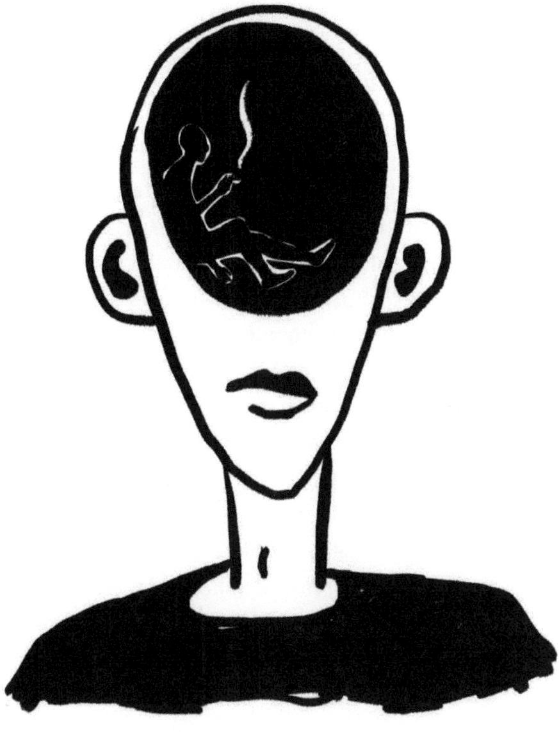

packt habe, fahre ich los ... Besançon, Montpellier, über die Pyrenäen weiter nach Cadaqués, Valencia, Málaga, Faro, ein paar Tage Lissabon, weiter nach Porto, A Coruña, Bilbao und über Bordeaux und Metz wieder nach Hause."

„Sie haben die Route ja schon ganz genau festgelegt", stellte Frau Siegesmund fest. Für Tobias hörte es sich nach einer Frage an.

„Ja, aber es ist eben nur ein Traum", hörte er sich sagen.

„Nur ein Traum", wiederholte die Frau, die ihm in diesem bequemen Sessel gegenübersaß.

„Apropos Traum", setzte Tobias nach kurzem Schweigen wieder ein. „Neulich hatte ich einen Traum, aus dem ich völlig verwirrt aufgewacht bin. Ich habe geträumt, Jessica wäre auf einmal nicht mehr da. Ich weiß gar nicht mehr, war sie bei einem Autounfall gestorben oder an dieser Krankheit. Auf alle Fälle war sie nicht mehr da." Er spürte beim Erzählen wieder die Verwirrung und wie seine Augen feucht wurden.

„Sie sind verwirrt aufgewacht? Was denken Sie, hat Sie verwirrt?"

„Na ja, es war so realistisch in diesem Traum. Und da wäre es ja normal, wenn ich entsetzt oder total traurig aufgewacht wäre. Aber da war auch ein Gefühl von Erleichterung. Dafür habe ich mich geschämt. Ich meine, ich will ja nicht, dass Jessica stirbt. Ich liebe sie ja. Aber manchmal ist das Leben eben auch sehr eng mit ihr. Ich würde sie ja auch nie verlassen deswegen, aber ich brauche auch mal meinen Freiraum, in dem ich nur etwas für mich machen kann."

Die Therapeutin schaute ihn aufmerksam an, abwartend, ob er vielleicht noch etwas sagen würde. Er sagte nichts mehr.

„Was Sie da gerade erzählt haben, kennen wahrscheinlich die meisten Leute. Wenn man nah mit jemandem zusammenlebt, kann es die Vorstellung geben, dass es eine Erleichterung wäre, wenn der andere plötzlich vom Erdboden verschwinden würde. Das ist natürlich eine verstörende Vorstellung, weil es ja zugleich auch schrecklich und sehr traurig wäre, wenn man den besagten Menschen verlieren würde. Klar, dass man sich dann bei solchen Vorstellungen oder Träumen schämt und sich schuldig fühlt."

„Genau", unterbrach Tobias, „so ist es mir vorhin auch gegangen, als Sie nur mal annehmen wollten, dass Jessica wieder krank werden könnte. Da war es auch so eine Mischung aus Erschrecken und fast so etwas wie Befreiung. Und ich bin da nicht der Einzige, dem es so geht?"

„Nein, da sind Sie nicht der Einzige. So paradox es klingt: manchmal wünscht man sich, der geliebte Mensch würde sich in Luft auflösen. In vielen Beziehungen gibt es diese zwei Seiten, einerseits liebevolle, intensive Nähe und dann auch den Wunsch, den anderen loszuwerden. Oft tut man sich in der Partnerschaft ja nicht nur gut. Man enttäuscht sich auch oder engt sich sehr ein; das kennen Sie ja. Da spürt man dann Zuneigung und auch wieder Abscheu. Der andere kennt uns wie kaum jemand sonst, und er kennt deshalb auch unsere unangenehme oder verletzliche Seite und wird dadurch bedrohlich. Sie wären wahrscheinlich sehr verletzt, wenn Jessica Sie verlassen würde, weil Sie nicht immer auf ihre Bedürfnisse eingehen."

„Ja, das wäre schlimm für mich", bestätigte Tobias, „weil wir ja auch schon so viel miteinander erlebt haben."

„Genau. Und zugleich kennen Sie wohl auch die Macht, die jemand über uns haben kann, weil wir uns so besonders verpflichtet fühlen. Da fehlt vielleicht der Mut, dem anderen auch mal etwas zuzumuten. Stattdessen kommt es zu Träumen oder Vorstellungen, in denen der andere einfach nicht mehr da ist. Nicht, dass wir uns das wirklich wünschen würden oder sogar etwas dazu beitragen wollten. Es ist wie eine kurze Flucht vor heftigen Gefühlen wie zum Beispiel großer Wut, wenn sie mich mit Übelkeit wieder zu Hause einsperrt und ich nicht zum Klettern mit den Kumpels gehen kann."

Tobias ließ still die Erklärungen noch ein wenig in sich nachklingen. Das Zuhören hatte ihn beruhigt, sodass er wieder klarer denken konnte.

„Nur mal angenommen", sagte er, „nur mal angenommen, ich würde mit Jessica darüber reden, dass ich eine Auszeit von acht Wochen brauche ... mein Gott, ich kann mir das gar nicht vorstellen! Jessica würde durchdrehen. Wahrscheinlich würde sie nie mehr ein Wort mit mir reden. Sie würde sofort ihre Koffer packen ... oder meine."

„Sind Sie sich über die Reaktion Ihrer Partnerin so sicher. Mal angenommen, es käme ganz anders ... Wie könnte sie Ihren Wunsch noch auffassen?“

„Ich weiß es nicht“, meinte Tobias. „Aber gerade denke ich, es wäre ganz wichtig, mit Jessica über all das zu sprechen.“

Todernst schaute Frau Siegesmund ihn an. „Und dann müssten Sie nur Ihr Wohnmobil beladen und aufbrechen. Niemand müsste sterben.“

In der nächsten Sitzung berichtete Tobias, er habe Jessica nicht angetroffen, als er letzte Woche nach Hause kam. Sie sei wohl ausgegangen und habe keine Nachricht hinterlassen.

Auftragsarbeit

Es war ein nasskalter Morgen an diesem 11. Dezember des Jahres 1806, als sich des Fürsten Bote Gabor auf den Weg machte, seinen Auftrag zu erfüllen. Knapp vier Grad Celsius und windig. Der Frost drang durch das Wams und durch die Haut bis zu den Knochen. Wenn es nach ihm und seinem Wallach gegangen wäre, hätten sie noch einen Tag gewartet oder zwei. Aber Befehl war Befehl. Esterházy duldete keinen Aufschub. Es sei bereits zu viel Zeit vergangen, ehe man den geeigneten Künstler zur Ausführung ausersehen hatte. Der alte Joseph, der über all die Jahre die Messen zum Namenstag der Fürstengattinnen komponiert hatte, fühle sich nicht mehr danach. Nun sollte im September des Folgejahres die Fürstin Maria Josepha Hermenegild von Liechtenstein geehrt werden durch die Komposition eines Schülers vom alten Joseph.

„Neun Monate waren noch Zeit", dachte Gabor bei sich, als er Decke und Sattel auflegte, „da kann es doch auf zwei Tage nicht ankommen. Wenn es neun Monate dauert, bis Kinder zur Welt kommen, kann es doch nicht so lange brauchen, um ein paar Noten auf die Linien zu kritzeln." Aber Gabor verstand zu wenig von Musik. Nur dass sie sich manchmal anhört, als würde ein Neugeborenes schreien, das hatte er schon erlebt. „Eine Sache des Geschmacks ist die Kunst“, wurde er dann belehrt. Aber wenn es um Geschmack geht, dann hielt er es lieber mit Braten und Kraut, einem gut gebrauten Bier und einem wohlgeformten Weib.

„Vom Fürstenhof in Eisenstadt nach Wien hinein ...“, murmelte Gabor vor sich hin und überschlug die Reisezeit. „Bei diesen Wetterverhältnissen müsste es in einem knappen Tag zu schaffen sein.“ Gerade setzte ein unangenehmer Nieselregen ein. Esterházys Kämmerer hatte ihm noch eine Talermünze zugesteckt und gesagt, er könne sich ein Zimmer zur Übernachtung nehmen und müsse erst am nächsten Tag zurückreiten. Er hatte ihm zugelächelt, als wollte er sagen, dass sich für den Rest der Münze vielleicht auch eine von den Graben-Nymphen, die in der Nähe von St. Stephan auf Kundschaft warten, finden ließe. Beim Gedanken daran rührte sich Gabors Gemächt, so dass es ihn beim Aufsitzen drückte.

Erschöpft kamen Pferd und Reiter im 1. Wiener Gemeindebezirk an. Noch ein paar Meter bis hinauf zur Mölkerbastei an der Stadtbefestigung. Gabor stieg vom Pferd, machte es an der Hauswand fest und betrat das Pasqualati-Haus, wo der Musiker sich von seinem Gönner Johann Baptist Freiherr von und zu aushalten ließ. Er ging das Stiegenhaus hinauf und hämmerte an die Tür. Keine Reaktion. Gabor wartete einen Augenblick und klopfte erneut. Drinnen war nichts zu hören. Kein Schlurfen auf dem Parkett, kein Raunen, kein Klavierton. War der Künstler nicht zu Hause oder war seine Schwerhörigkeit inzwischen so weit fortgeschritten, dass er nun gar nichts mehr hörte? Der Bote wagte es, mit dem Stiefel an die Tür zu treten. Unten erschien jemand im Treppenhaus und schimpfte über den Lärm. In der Wohnung war aber immer noch nichts zu hören.

„Wissen Sie, ob der Herr ausgegangen ist?“, fragte Gabor den aufgebrachten Mieter.

„Was weiß ich!“, schimpfte der andere weiter. „Such ihn doch um die Ecke im Gasthof; vielleicht sitzt er dort herum.“

Gabor drehte die gesiegelte Botschaft von Esterházy zwischen den Fingern und machte sich auf den Weg ins Gasthaus. Auch dort keine Spur vom Künstler.

„Vor einer halben Stunde war er noch hier", sagte der Wirt. „Er hat überlegt, ob er wieder sein Lieblingsgericht, die Brotsuppe mit zehn Eiern, wie er es so gerne hat, essen soll oder die Macaroni mit Käse ..."

„Makkaroni mit Käse!", rief Gabor aus, „dieses verrückte neumodische Zeug!"

„Was wunderst du dich, wo du doch wohl weißt, dass der Meister dem Neuen immer aufgeschlossen ist. Er wählt ja auch gerne mal einen Fisch, was die wenigstens tun. Aber wirst sehen: Gar bald werden Makkaroni und Käse und Fisch zu den üblichen Mahlzeiten gehören. Heute habe ich aber keine Makkaroni, und so ist er wieder gegangen, der Meister."

Gabor trat ungeduldig von einem Fuß auf den anderen. Die Sache kostete allmählich zu viel Zeit, wo er sich doch in Gedanken schon in der Nähe der St. Stephan-Kirche befand.

Zurück an der Mölkebastei stieß Gabor direkt auf den Künstler, der wohl gerade einen zweiten Anlauf zum Abendessen nehmen wollte.

„Mein Herr, in meiner Hand halte ich eine Botschaft aus Eisenstadt, gesiegelt von Fürst Nikolaus II. von Esterházy, zu überbringen dem Meister der Klänge mit einem Auftrag", sagte Gabor förmlich und blickte erwartungsvoll auf die Gestalt, die ihm gegenüberstand.

„Gib her!", forderte der Musiker barsch und verschwand im Pasqualati-Haus, wohl, um den Brief hinauf in die Wohnung zu tragen.

Das war dann wohl alles, dachte sich der Bote und strebte anderen Zielen und selbst gewählten Aufträgen zu.

Nachdem Ludwig aus dem Gasthaus zurückgekehrt war und die Wohnung betreten hatte, fiel sein Blick auf den Brief, den er schon fast wieder vergessen hatte.

„Esterházy", kam es ihm in den Sinn. „Was will der Fürst?", fragte er sich, bevor er umständlich den Umschlag öffnete und die Zeilen las:

„ ...zum Namenstag der Fürstin Maria Josepha Hermenegild von Liechtenstein ... zum 8. des September 1807 ... ergeht die Order ... zu komponieren eine Festmesse ..."

Ludwig erschrak. Eine Festmesse also. Messen waren nicht seine Profession, und außerdem hatte er noch so viel zu tun mit der Arbeit an seiner Vierten und an zwei Violinkonzerten. Gut, er hatte auch schon vor ein paar Jahren Skizzen zu Messkompositionen erstellt, aber das Schaffen daran auch wieder ruhen lassen. Der Auftrag passte ihm überhaupt nicht. Zugleich empfand er ihn aber auch als reizvoll. Der Drang aus dem Jahr 1803, seinen persönlichen Glauben in einer Messe auszudrücken, meldete sich wieder, als er versonnen auf den gesiegelten Brief blickte. Sollte er zusagen und damit die Gelegenheit beim Schopfe packen, seinen modernen und unabhängigen Christenglauben in Noten zu verkündigen? Es verlockte ihn, und zugleich sah er Ärger auf sich zukommen. Man würde ihn gewiss schelten beim Hören seiner freien Klänge als Ausdruck der Botschaft der Kirche. Man würde sofort ahnen, dass es ihm nicht um die Botschaft der Kirche zu tun wäre, sondern um die Botschaft des Glaubens. Ludwig lief in der Wohnung auf und ab, rutschte beinahe aus auf einem der vielen am Boden liegenden Notenblätter und ließ sich zuletzt in den Sessel neben dem Flügel fallen.

Er hatte den *himmlischen Funken* gefunden, von dem der Berliner Professor und Prediger Friedrich Daniel geschrieben hatte, dass er entstünde, wenn eine *heilige Seele vom Universum* berührt werde. Ludwig hatte die „Reden an die Gebildeten unter ihren Verächtern“ von 1799 mit großer Begeisterung gelesen. Der Berliner sprach ihm aus dem Herzen. Er erinnerte sich an die nahezu auswendig gelernten Sätze: *Frei sollen wir sein. Und frei ist auch die Religion, sobald sie lebt und geht ihres eigenen Weges ... Die Religion muss Raum haben, sich in jedem unfehlbar auf seine eigene Art zu entwickeln ...* Ludwig spürte, wie ihm wieder die Hitze in die Wangen schoss. Ja, der Glaube war nicht dazu gemacht, das Leben einzuengen in Formeln und Dogmen aus Rom, dachte Ludwig froh. Er stand auf und suchte nach dem Buch von 1799. „Aufräumen müsste ich unbedingt wieder“, maßregelte er sich selbst. „Aber sei’s drum! So nachlässig ich bin in der Sauberkeit der Wohnung und der Kleidung, so gewissenhaft bin ich mit meinen Gedanken.“ Er hatte das Buch gefunden und mit dem Weinkrug in der Hand den Weg zurück zum Sessel genommen.

Freudig erregt blätterte er in den Seiten. *Ihr habt recht, die dürftigen Nachbeter zu verachten, die ihre Religion an eine tote Schrift hängen*, hatte der Berliner geschrieben und Ludwig hatte es dick unterstrichen. Ein Nachbeter war er – weiß Gott nicht!

Von zarter Kindheit an misshandeln sie den Menschen und unterdrücken sein Streben nach dem Höheren, las er ein paar Seiten weiter. *Gar oft werden die armen Seelen, die nach etwas ganz anderem dürsten, mit moralischen Geschichten gelangweilt und lernen, wie schön und nützlich es ist, fein artig zu sein*, stand ein weiterer, unterstrichener Satz vor seinen vom Wein etwas getrübten Augen.

„Ha", rief er aus, „wer will schon fein artig sein! Wozu ein Lessing, ein Kant oder Mendelssohn, wenn die Menschen nach Artigkeit streben sollen?" Ludwig lachte in sich hinein, wobei ihm Wein aus dem Mundwinkel lief.

„*Die Religion ist die Feindin aller Pedanterie und aller Einseitigkeit.* – Da hat jemand den wahren Kern der Religion verstanden", sprach der Künstler vor sich hin.

Er nahm den Brief zur Hand, der inzwischen einige Weinspuren aufwies, und nickte. Der gute Tropfen hatte ihn mutig gemacht, aber auch schläfrig.

Als er am nächsten Morgen in seinem Sessel aufwachte, zeigte die Wanduhr bereits auf elf. Vor ihm lagen Schleiermachers Reden. Noch etwas trunken nahm er sie noch einmal zur Hand und las: *Der Sklaverei, worin der Sinn der Menschen gehalten wird, muss ein Ende gemacht werden.* Zustimmend rief Ludwig aus: „Erlauchter Fürst Esterházy, ich nehme den Auftrag an."

Alsbald nahm er die Arbeit am Credo auf. Kaum begonnen, trieb es Ludwig schon zu dramatischem Stil und der Ahnung, dass dies dem Fürsten kaum behagen würde. „Zu modern, zu wenig geistlich", würde er wohl urteilen. Gleichgültig war's ihm. Wenn er sein Glaubensbekenntnis komponieren wollte, musste es ehrlich sein, voller Dynamik, kontrastreich in wechselnden Stimmungen und überraschender Dissonanzen. Er durfte keine Rücksicht nehmen auf die traditionelle Form, trieb ihn doch die Sehnsucht nach einer Gesellschaft gleichberechtigter Menschenbrüder, zu deren Entwicklung ihm auch die Religion ein roter Faden war, wenn sie nicht an alten Zöpfen hing und nicht im Interesse der unverbrüchlichen Verbindung von Kurie und Adel predigte. *Hätte man nie einen Fürsten in den Tempel gelassen, bevor er den schönsten königlichen Schmuck, das reiche Füllhorn aller seiner Gunst und Ehrenzeichen abgelegt hätte vor der Pforte,* kam ihm ein unvergesslicher Satz des Berliners in den Sinn.

Ein Zeichen zu setzen, war es nun wieder an der Zeit, neuen Klangwelten zuzustreben.

Doch nach dem Credo stockte es, wie es oft stockte bei Ludwig, sodass die Arbeit erst einmal liegen blieb. Beunruhigte Anfragen aus dem Fürstenhaus beantwortete Ludwig erst gar nicht und dann mit dem Hinweis auf seinen großen Respekt vor dieser Aufgabe, die besondere Achtsamkeit erfordere. Als der Bote Gabor im Juli abermals vor der Tür des Pasqualati-Hauses stand, ließ Ludwig dem Fürsten ausrichten, das Werk sei noch nicht so weit vorangekommen wie gewünscht, da gesundheitliche Probleme die Arbeit gehindert hätten. Dem Beruhigungsschreiben fügte er eine ärztliche Bescheinigung bei und schickte den Boten zurück nach Eisenstadt.

Gesundheitliche Probleme hatte Ludwig eigentlich dauerhaft. Was ihn tatsächlich hinderte, waren neben der Arbeit an anderen musikalischen Aufgaben seine privaten Sorgen, die sich um die Jahreswende und das erste Halbjahr 1807 verdichteten. Nicht allein das schlechte Verhältnis zur Schwägerin und seine Sorge um den gerade geborenen Neffen Karl machten ihm zu schaffen. Nein, auch die Absage der angebeteten Gräfin Josephine hatte ihn tief getroffen. „Mein Alles, meine Glückseligkeit“, hatte er sie genannt, und nun ließ sie ihn wissen, sie liebe seine Güte und sei verzückt durch seine Musik, aber sein sinnliches Begehren könne sie nicht erfüllen.“ Wie sollte er mit einer solchen Nachricht an der Messkomposition arbeiten!

Hatte er sich gerade von der Niederlage erholt, dräute bereits neues Ungemach durch einen Affront des Ehepaars Morogues. Ja, vielleicht war es etwas naiv, Marie, die Gattin des Fürstenbibliothekars, Paul Bigot de Morogues, bei göttlich schönem Wetter zu einer Spazierfahrt einzuladen, aber er hatte sich nichts dabei gedacht. Und schließlich hatte er sich entschuldigt, wobei er vielleicht hätte darauf verzichten sollen zu betonen, dass er es mit allen Freunden bevorzuge, äußerst natürlich umzugehen und allen Zwang hasse. Ludwig musste einsehen, dass diese Äußerungen nicht zur Beruhigung des Gatten beitragen konnten. Halb Wien zerriss sich nun das Maul und Ludwig war deprimiert über sein Unglück in der Liebe und sein nachlassendes Gehör.

Der September rückte unaufhaltsam heran, sodass sich der Meister zu neuem Schaffensdrang aufschwang. Unzählige Skizzen führten schließlich zur Vollendung der Messe in C-Dur. Als das *Agnus Dei* mit der Erinnerung an den liedhaften Beginn des Kyrie den Bogen schlug, war Ludwig mit dem Resultat zufrieden. Er fühlte sich durch den Ewigen inspiriert zu der Musik gewordenen Verbindung von Gottesglaube, Naturverehrung und Gedanken der Aufklärung. Es war ihm wohl gelungen, den Christus als Verbündeten der Leidenden darzustellen und als einen Erlöser, mit dem er sich selbst als Sonderling und von Krankheit Geschlagener identifizieren konnte. Ob man solches aber in der Bergkirche zum Namenstag der Fürstengattin hören wollte? – Sei's drum. Womöglich würde das Werk seiner Karriere erst einmal einen Dämpfer verpassen, aber Ludwig wollte sich nicht korrumpieren lassen durch falsche Rücksichtnahmen auf den fein-artigen Geschmack.

Nach der Uraufführung ging ein Raunen durch die Reihen. Ludwig hatte es befürchtet. Die Zuhörer machten teils ihrem Ärger Luft, teils schüttelten sie den Kopf, um ihrem Befremden Ausdruck zu geben.

„Was haben Sie denn da wieder gemacht?!", sagte Esterházy trocken. Und Ludwig antwortete knapp: „Wenn Sie, mein Fürst, frommes Lauschen statt aktives Zuhören wollten, hätten Sie einen anderen beauftragen müssen."

Enttäuscht und ärgerlich zog sich die in ihrer Ehre gekränkte Maria Josepha Hermenegild in ihre Gemächer zurück, und Nikolaus II. reagierte sich in einem Brief an Gräfin Henriette Zielinska ab: *„La messe est insuportablement ridicule et detestable; j'en suis colerè et honteux."* Ludwig sollte über Umwege Kenntnis von diesem Brief erhalten.

Nachdem die Uraufführung in der Eisenstädter Bergkirche also als Fiasko in Erinnerung bleiben sollte, war auch das Verhältnis zwischen Ludwig und der Fürstenfamilie samt Anhang erheblich beeinträchtigt. Dass Esterházy das Werk als lächerlich und hässlich bezeichnet und sich als beschämt empfunden hatte, machte es nicht besser. Sollte der Künstler dem Fürsten als Antwort aus einem Brief zitieren, den er einstmals einem anderen Edelmann geschrieben hatte? – *Fürst, was Sie sind, sind Sie durch Zufall und Geburt. Was ich bin, bin ich durch mich. Fürsten wird es noch viele geben; mich gibt es nur einmal.*

Ludwig verzichtete und strafte den Adligen mit Missachtung. Vielleicht beruhigte ihn im Inneren schon die Vorstellung, dass sich am Tag seiner Beisetzung Menschenmengen durch Wien bewegen würden, weil ihnen die Beteiligung an diesem Ereignis als politische Aussage galt; denn alle wussten ja: dem Künstler war die Freiheit das höchste Gut.

Esau hat genug

Warum ist Esau so nett zu seinem Bruder? Diese Frage hatte Malte heute in den Klassenraum geworfen. Und jetzt musste Oliver wieder daran denken, weil er gerade seinen Bruder am Telefon hatte, der wieder mal keine Zeit für Olivers Anliegen aufbringen wollte. Viel zu beschäftigt. Der Laden muss laufen, sonst kommt nichts rein. Das sind so seine Sätze. Und dabei hat er mehr als genug. Ganz anders als Oliver mit seinem Lehrergehalt.

Immer diese Brudergeschichten. Kain und Abel, Ismael und Isaak, Jakob und Esau. Ja, warum ist Esau eigentlich so nett zu seinem Bruder? Oliver war zunächst überrascht und wusste gar nicht, was er Malte antworten sollte. Und was macht der Pädagoge in einer solchen Lage? Er gibt die Frage an die Schülerinnen und Schüler weiter. „Was meint ihr zu Maltes Frage? Warum ist Esau wohl so nett zu seinem Bruder?"

Oliver schaute aus dem Fester, fixierte einen Punkt am Balkon des gegenüberliegenden Hauses und ging in Gedanken die Geschichte noch einmal durch.

Esau spielt nur eine Nebenrolle in der ganzen Erzählung, wenn man es genau betrachtet. Wieso um alles in der Welt musste Malte ausgerechnet nach ihm fragen. Oliver hatte den ganzen Unterricht auf den wesentlich bedeutsameren Jakob abgestimmt, und nun rückte der aufgeweckte Malte den vernachlässigten Bruder in den Blick. Immerhin, Esau war der Stammesvater der Edomiter, aber Hand aufs Herz: wer interessierte sich schon für die Edomiter? Jakob dagegen erhielt im Kampf mit einem Geist oder mit Gott am Fluss Jabbok den Namen *Israel.* Dagegen verblasst ein Esau. Allein der Name klingt schon nicht nach großer Karriere, sinnierte Oliver, während er der Nachbarin auf dem Balkon zuwinkte. Sie hob mühsam den Arm und grüßte zurück. Seit dem Tod ihres Mannes ging sie nur noch selten vor die Tür. Manchmal saß sie am Nachmittag auf dem Balkon, und Oliver winkte ihr zu, und sie winkte zurück.

Seine Gedanken tauchten wieder in die Geschichte ein.

Der uralte Konflikt zwischen diesen beiden Brüdern, in dem diesem Esau übel mitgespielt wurde. Die Eltern, Isaak und Rebekka, wünschten sich so sehr einen Nachkommen, aber die Aramäerin Rebekka konnte lange Zeit keine Kinder bekommen. Und dann waren plötzlich Zwillinge in ihrem Leib. Die Freude war zunächst groß, doch schon vor der Geburt schienen die beiden Söhne zu streiten. Die Kinder stießen sich miteinander in ihrem Leib, und als sie Gott ihre Schwangerschaftsbeschwerden klagte, erhielt sie die Auskunft, dass sie zwei konkurrierende Völker auf die Welt bringen würde.

Bereits bei seiner Geburt war Esau rein äußerlich im Nachteil. Rötlich war er und ganz rau wie ein Fell; so wird berichtet. Er ist der Erstgeborene, was ihm eigentlich Vorteile bringen sollte, aber der Zwillingsbruder packt ihn schon am Fuß, als er gerade das Licht der Welt erblicken sollte. Schon hier wird klar, dass er den um Sekunden Jüngeren über lange Zeit nicht mehr loswerden würde. Ein harter Kerl wurde er, dieser Esau, ein Jäger, der auf den Feldern umherstreifte, während sein Bruder sich zu einem gesitteten Mann entwickelte, der eher häuslich eingestellt war. So werden sie charakterisiert, erinnert sich Oliver.

Und dann macht er seinen Eltern auch noch Sorgen, als er sich mit Jehudit und Basemat zwei Frauen nahm, die von Rebekka und Isaak auf ganzer Linie abgelehnt wurden.

Warum eigentlich?, fragte sich Oliver in diesem Moment. Er musste daran denken, wie lange seine Eltern gebraucht hatten, bis sie Annika halbwegs akzeptierten, während die Frau seines Bruders sofort wie eine Prinzessin behandelt wurde.

Waren sich Rebekka und Isaak einig in der Ablehnung der Frauen aus dem Stamm der Hetiter? Oder war Rebekka die treibende Kraft, während Isaak milder gestimmt war?, spekulierte Oliver. Wieder blätterte er. *Und Isaak hatte Esau lieb, Rebekka aber hatte Jakob lieb*, las er, und es wurde ihm schlagartig klar, dass der Konflikt der Brüder etwas mit der Spannung zwischen den Eltern zu tun haben könnte. „Waren die beiden nicht auch in die komplizierte Geschichte ihrer Vorfahren verstrickt?“, fragte sich Oliver, der nur zu genau wusste, dass die Streitigkeiten in Familien über Generationen hinweg schädlich wirken können. Isaak war ja auch ein herbeigesehnter Nachkomme, der aber nach langer Kinderlosigkeit seiner Eltern Abraham und Sarah erst zur Welt kommen konnte, als Abraham mit der Magd Hagar den Ismael gezeugt hatte, der dann samt Mutter in hoch problematischer Auseinandersetzung in die Wüste geschickt wurde.

Vielleicht deshalb diese ganze Doppelbödigkeit, überlegte Oliver und trieb die Geschichte in seiner Erinnerung der Zuspitzung entgegen.

Als nämlich Isaak seinem Sterben nah kommt, will er dem Erstgeborenen seinen Segen geben, von dem Erfolg und Wohlstand abhängen. So bestimmt es der Brauch. Durch eine Intrige der Mutter jedoch schlüpft Jakob in die Rolle des Bruders, während dieser noch irgendwelchen Tieren hinterherjagt. Und als er zu Hause ankommt, ist der Segen bereits an den betrügerischen Bruder vergeben, weil der sterbende Vater den Schwindel nicht bemerkt hat. Einen zweiten Segen hatte Isaak nicht.

Oliver beobachtete, wie die Nachbarin sich eine Tasse Tee einschenkte. Er spürte Wut in sich aufsteigen, Wut auf Rebekka, Wut auf Jakob. Verständnis konnte er dagegen für Esau aufbringen. Warum ist Esau so nett zu seinem Bruder?, erinnerte sich der Lehrer an die Frage seines Schülers vom Vormittag. „Wirklich eine rätselhafte Sache", murmelte Oliver vor sich hin und ihm dämmerte, dass Esau keineswegs von Anfang an versöhnlich gestimmt war.

Oliver griff die hebräische Bibel auf dem Schreibtisch, blätterte und vergewisserte sich. Esau, der raue Geselle, will seinen Bruder umbringen, sobald der Vater gestorben und die Trauerzeit vorüber ist. Doch wieder zieht er den Kürzeren, weil die Mutter den Lieblingssohn von einem Tag auf den anderen verschwinden lässt. Bei ihrem Bruder im Ausland findet er Unterschlupf. Dort kann Esau ihm nichts antun.

Die Jahre vergehen, und Jakob kommt zu erheblichem Wohlstand. Als er aber in Konflikt mit seinem Onkel gerät, muss er wieder fliehen. „Am besten nach Hause", denkt er sich. „Da kenne ich mich aus. Da habe ich meine Wurzeln. Und vermutlich ist der Zorn Esaus längst verraucht. Es war Zeit genug, dass Gras über die Sache wachsen konnte."

Oliver lächelte bitter und dachte wieder an das Verhältnis zu seinem eigenen Bruder. „So schnell wächst kein Gras", wusste er aus Erfahrung.

Jakob haben wohl auch Zweifel gepackt mit Blick auf das Wachstum von Gras in Familienangelegenheiten. So naiv war er nicht. Bevor er seinem Bruder wieder begegnen würde, brauchte es einen Masterplan in Sachen Versöhnung. So machte er einen Vertrag mit dem Onkel und begab sich auf die Reise.

Zu den Vorbereitungen auf die Begegnung mit Esau gehörte ein langes Gebet, in dem er sich nicht als bußfertiger Sünder vor Gott zeigt, sondern schlicht um unverdiente Rettung vor der Rache des Bruders bittet. Sodann schickt er dem Bruder 550 kostbare Tiere als Gnadengesuch entgegen. Ein großzügiges Geschenk könnte den rötlich-rauen Zwilling günstig stimmen. Und sollte er doch mit seiner 400 Mann starken Truppe, von denen Jakobs Boten berichtet hatten, über ihn herfallen, dann wäre es strategisch sicher sinnvoll, seinen Stamm in einzelne Gruppen zu teilen wie auch seinen großen Besitz. All dies geschah am Jabbok-Fluss, wo Jakob im Morgengrauen mit dem Geist kämpfte, wo er ihn besiegte, aber einen so heftigen Schlag auf die Hüfte bekam, dass er fortan hinkend durchs Leben ging.

„Vielleicht hat Jakob bei diesem Kampf im Morgengrauen begriffen, dass es nicht immer um den totalen Sieg oder die völlige Niederlage gehen muss, wenn das Leben erhalten werden soll", überlegte Oliver. Die Nachbarin war inzwischen wieder in ihre Wohnung gegangen. Der Balkon gegenüber lag im Schatten.

„Den Sieg über den Geist hat Jakob mit Behinderung bezahlt. Als geschlagener Sieger würde er bald vor Esau stehen. Es gab keine Eindeutigkeit mehr. Gewohnte Muster sind unbrauchbar geworden." So ging es Oliver durch den Kopf. Und er freute sich auf einmal darüber, dass die Geschichten in der Bibel nicht vereinfachen, nicht alles über einen Kamm scheren, für die oft komplizierten Lebensbilder nicht nur schwarz und weiß kennt.

Hastig las Oliver noch einmal die Stelle, in der sich die beiden Brüder schließlich begegnen. Gewiss haben Unsicherheit, Scham und

Angst eine Rolle gespielt. Eine kleine Ewigkeit haben sie sich nicht mehr gesehen. Aber nun lässt Esau seine 400 Mann anhalten, steigt vom Kamel, geht seinem Bruder entgegen und umarmt ihn. Ein harter Kuss fühlt sich im Gesicht Jakobs fast wie ein Biss an, in dem doch noch ein wenig von der früheren Rache steckt. Aber dann weinen sie miteinander. Vielleicht weil ihnen auf einmal dämmert, dass keiner als Sieger dasteht, aber beide gewonnen haben.

Jakob bietet seine Gaben zur Versöhnung an. Zweihundert Ziegen, zwanzig Böcke, zweihundert Schafe, zwanzig Widder, dreißig Kamele, vierzig Kühe, zehn junge Stiere, zwanzig Eselinnen und zehn Esel. Esau lehnt ab. „Was willst du mit den ganzen Tieren", fragt er den Bruder. „Ich will sie dir schenken, damit ich Gnade finde bei dir", lautet die Antwort. Oliver fiebert dem entscheidenden Satz entgegen. „Du kannst die Tiere behalten", heißt Esaus Antwort, mit der er einen Schlussstrich zieht, „ich habe genug!"

Oliver dachte an Maltes Frage und spürte die Hand seiner Frau auf der Schulter. Er hatte gar nicht bemerkt, dass sie ins Zimmer gekommen war.

„Hallo Annika", begrüßte er sie.

„Warum ist Esau so nett zu seinem Bruder nach allem, was vorgefallen war? Ganz einfach. Esau hatte genug. Er hatte genug im doppelten Sinn; genug von Konkurrenz und Streit und genug an Besitz und Lebensglück.

Esau hat nicht den Drang verspürt, seinen Bruder zu töten, den Stamm des Bruders zu tilgen, andere Länder zu überfallen, um zu herrschen über sie, ihre Kultur zu zerstören und ihre Bodenschätze aus der Erde zu graben. Grundstücke zu verwüsten, Häuser auszurauben und niederzubrennen. Er musste keine Gefangenen nehmen, keine Feinde ausmerzen, keine Frauen vergewaltigen und keine Babys an Mauern zerschmettern. Er war einzig gekommen, seinen Bruder zu sehen. Nicht einmal wegen der Versöhnung war er gekommen. Er hatte sich längst versöhnt." Oliver dachte nach. „Aus der Begegnung der Brüder ist kein gemeinsamer Weg geworden. Es ist keine Friede-Freude-Eierkuchen-Geschichte daraus geworden. Sie gehen nach dem Treffen wieder ihrer Wege. Sie trennen sich wieder, aber im Frieden."

„O-k-a-y“, sagte Annika gedehnt und fragte sich, was er wohl in den letzten zwei Stunden getrieben hatte, in denen sie sich dem Aufbau der neuen Duschkabine im Bad gewidmet hatte. „Und hast du mit deinem Bruder telefoniert wegen der Renovierungskosten eures Elternhauses? Denk dran: nicht fifty-fifty! Schließlich hat er für seine Firmengründung vor ein paar Jahren schon einen Teil seines Erbes bekommen.“

Die Welle

Die Welle schlägt mich um;
Der Sand treibt in Richtung Meer;
Die Ebbe kommt und ich merk';
Es wird Zeit für mich zu gehen.
Es bringt nichts zu flehen; der Ozean
Macht, was er will.
Die Sonne kurz vor dem Untergang,
Geh' ich den endlosen Strand entlang.

Anù Schroeder

- - - - -

Selbstbestimmt und religiös

Bernd Nagel:
Margaretha von Cortona
Selbstbestimmt und religiös
ISBN 978-3-943580-40-2

Quer zur bekannten Heiligenlegende erzählt Bernd Nagel eine andere Geschichte der Margareta von Cortona (1247–1297): vom Leben einer jungen Frau, die selbstbestimmt der Rolle entflieht, die ihr der Vater, ein Weinbauer in der Toskana, zugedacht hat. Nach der Ermordung ihres Geliebten ganz auf sich allein gestellt, findet Margareta Aufnahme im Dritten Orden, wird eine Begine und opfert sich in der Krankenpflege auf. Mit Gleichgesinnten, die der Kirche kritisch gegenüberstehen, diskutiert sie über Themen, die bis heute strittig sind: Reichtum und Armut, das Verhältnis von Glauben und Vernunft, verantwortungsvolle Sexualität – und natürlich der Tod. ▪

Weitere Tipps für die Zeit nach diesem Buch

Geschichten, die das Leben schrieb

Marie Luise Blanke: ***AM WINDTELEFON***
Kurze Geschichten über Lebenswege, die berühren
ISBN 978-3-943580-31-0

Die Geschichten in diesem Buch sind wie die Gespräche an dem Windtelefon, das in Japan auf einem Hügel mit Meerblick steht und Menschen Trost spendet, die ihre Liebsten bei dem verheerenden Tsunami im März 2011 verloren haben. Das Telefon ist nicht angeschlossen, aber der Wind trägt die Botschaft von Seele zu Seele. ▪

Hintersinn und ungeahnte Perspektiven

David Jacobs:
macht Geschichten
20 kurze Texte
ISBN 978-3-943580-42-6

Wie fühlt sich ein Adjektiv, das gerade dem Lektorat zum Opfer fiel? Welche Schuld tragen die Halluzinationen eines Psychiaters am Ende seiner Ehe? Und wer sind diese Männer, die voll verschleiert durch Berlin flanieren? Mit seinen 20 kurzen Texten aus dem gleichnamigen Blog serviert uns „David Jacobs macht Geschichten“ Hintersinn und ungeahnte Perspektiven. ▪

Miniaturen

Bernd Nagel, 1963 in Rüsselsheim geboren, arbeitet als Pfarrer und Studienleiter für Seelsorgefortbildung in Darmstadt und Frankfurt. Daneben ist er tätig als Supervisor, Coach und Autor.

Zeichnungen

Zoë Schroeder, Jahrgang 1998, hat Soziologie und Ethnologie in Mainz studiert, bevor sie ihre Leidenschaft fürs Zeichnen und vor allem für das Steinmetzhandwerk entdeckte.

Gedichte

Anù Schroeder ist Schülerin der elften Klasse und 2005 geboren. Sie interessiert sich für Sprachen und liest und schreibt gerne – auch Gedichte.